民用无人驾驶航空试验区经验与成果丛书

无人机+产业：

延庆民用无人驾驶航空试验区的探索

主　编　孙永生　舒振杰　等

副主编　杜贵和　刘铁锁　张　莹　刘志瑛

参　编　蒋冬厚　王华武　程海涛　杨建军

　　　　杨　苀　杨云川　刘　欢　刘佳茜

　　　　唐苑雯　汪　磊　荆继洪　胡克飞

　　　　董建伟　张露露　李　元

U0368963

机械工业出版社

以"无人机+"理念为依托的新兴技术正在深刻影响低空经济现代化发展。延庆民用无人驾驶航空试验区是我国国内首批、北京首个民用无人驾驶航空试验区，也是综合应用拓展区，为探索无人机空管技术并依托相关技术发展低空经济新基建提供了平台，进而逐步为我国低空经济发展提供高质量服务。

本书以延庆民用无人驾驶航空试验区在重大活动期间，通过"无人机+产业"在安保中发挥巨大作用的过程为主要研究对象和主要特色，积极探索无人机融入现有空管体系的方法策略，为创新我国无人机空管技术架构、运行概念和发展路线图奠定基础，并总结新一代的空管信息技术，是对延庆民用无人驾驶航空试验区建设经验的提炼与总结，具有示范先行效应。主要内容包括延庆民用无人驾驶航空试验区、无人机应急救援、京张协同无人机巡检保电、重大活动期间低空安保延庆力量、延庆民用无人驾驶航空试验区的可持续发展等。

本书可以作为全国其他民用无人驾驶航空试验区建设的指导用书，也可供从事低空安保工作的相关从业人员互相交流学习，共同努力促进低空经济和无人机产业发展。

图书在版编目（CIP）数据

无人机+产业：延庆民用无人驾驶航空试验区的探索/孙永生等主编.
—北京：机械工业出版社，2022.7（2022.10重印）
（民用无人驾驶航空试验区经验与成果丛书）
ISBN 978-7-111-71085-1

Ⅰ.①无⋯　Ⅱ.①孙⋯　Ⅲ.①民用飞机-无人驾驶飞机-产业发展-研究-延庆区　Ⅳ.①F426.5

中国版本图书馆 CIP 数据核字（2022）第 113428 号

机械工业出版社（北京市百万庄大街22号　邮政编码100037）
策划编辑：王　博　　　　　责任编辑：王　博
责任校对：张亚楠　李　婷　封面设计：马若漾
责任印制：常天培
固安县铭成印刷有限公司印刷
2022 年 10 月第 1 版第 2 次印刷
169mm×239mm · 8.25 印张 · 135 千字
标准书号：ISBN 978-7-111-71085-1
定价：68.00 元

电话服务　　　　　　　　网络服务
客服电话：010-88361066　机 工 官 网：www.cmpbook.com
　　　　　010-88379833　机 工 官 博：weibo.com/cmp1952
　　　　　010-68326294　金 书 网：www.golden-book.com
封底无防伪标均为盗版　机工教育服务网：www.cmpedu.com

《无人机+产业：延庆民用无人驾驶航空试验区的探索》

编 委 会

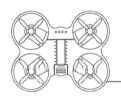

2022 年，北京成功举办冬季奥林匹克运动会（简称：冬奥会）和冬季残疾人奥林匹克运动会（简称：冬残奥会），成为全球首个双奥之城。北京市延庆区是北京冬奥会雪上项目主场区，作为全国首批民用无人驾驶航空试验区之一，经过周密准备，成功将无人机用于冬奥会保障，为成功办奥发挥了一定的作用。

为紧抓后冬奥契机、总结试验区经验，介绍延庆区"迎'冬奥'空天地立体联动新保障"，以及在冬奥会后探索划设低空适飞空域和推进产教融合、服务区域低空经济新模式，延庆区组织编写出版《无人机+产业：延庆民用无人驾驶航空试验区的探索》，也是民用无人驾驶航空试验区经验与成果系列丛书的第一本，及时推广"绿色办奥"理念和民用无人驾驶航空试验区经验与成果，宣传绿色低碳和试验区建设运行所取得的新进展、新成效，是推动延庆区经济社会高质量发展的有益探索，十分契合新时代创新、协调、绿色、开放、共享的新发展理念。

无人机作为新技术和先进生产力的重要载体，是我国当前在技术上处于全球领先位置的领域之一。2020 年 5 月，中国民用航空局（简称：民航局）主动引导，推出民用无人驾驶航空试验区政策，积极探索形成促进无人驾驶航空行业管理与社会管理深度融合的新路径；发挥中央和地方两个积极性，鼓励开展运行技术验证，加快先进技术应用。2020 年 10 月，延庆区脱颖而出，跻身第一批民用无人驾驶航空试验区。作为第一批试验区的优秀代表，延庆试验区不仅在冬奥会展现"无人机+"的中国方案，而且已形成产业链、资金链、人才链、技术链"四链合一"的无人机产业生态圈，同时也被北京市人民政府纳入"十四五"时期高精尖产业发展规划，明确延庆无人机产业组团："依托民用无人驾驶航空试验区，发挥空域优势及多元应用场景优势，发展无人机核心技术及关键零部件研制、集成测试等领域，吸引中心城区无人机产业外溢，承接无人机重大科研成果应用示范和产业化。把握'无人机+'跨界融合趋势，发展无人机植被保护、监测、应急救援等业态，推进无人机应用场景建设，将中关村延庆园打造成为集研发、设计、生产、集成、检测、赛事、应用于一体的无人机产业创新服务综合基地。"

延庆区统筹安全与发展，基于区块链技术建设无人机服务产业应用保障平台，确保冬奥会前期保障期间飞行过程安全合规，在冬奥会前期共有16家园区科技企业、138名飞手入驻平台使用，登记飞行器110架型，共申请了427个飞行计划，其中通过317个，拒绝81个，撤销29个（期间共实施4452架次飞行，管理区内违规黑飞次数为0）。其中，国网通用航空有限公司在冬奥会、冬残奥会期间积极协调有关军民航管理部门，为航空保供电开设了唯一的行业应用空域通道，建立了公司的空天电力应急专项保障机制。该公司出动4架中大型无人机组成两个保电专门机组，在13.6h内飞行14架次，完成11条一级保电线路的特巡任务，巡视线路330km。以航空技术为抓手，成为坚实保障冬奥会、冬残奥会可靠用电的重要支撑。

《无人机+产业：延庆民用无人驾驶航空试验区的探索》的出版，是从无人机的视角展示"科技冬奥"的"中国力量"。真诚希望延庆区不断践行习近平总书记的嘱托，实现"冬奥新起点"，利用获批试验区的机会，注重试验区的建设，加快推进相关工作和成果输出，在价值链各环节培育出具有国际影响力的企业，形成更多"无人机+"的可复制、可推广的延庆方案和延庆贡献。

我坚信无人驾驶航空试验区一定会为延庆区的未来增光添彩。正如习近平总书记的寄语：延庆是属于未来的！

中国民用航空局总工程师　殷时军

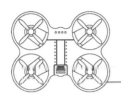

随着"智能时代"拉开序幕，无人系统产业得到持续创新发展，催生出多样产品形态，焕发出无限生机。在新技术、新材料、新能源的推动下，我国无人机产业也赢来了良好的发展机遇。延庆区结合区域定位和世界园艺博览会、北京冬奥两件大事机遇，将现代园艺、冰雪体育、新能源和无人机四个产业作为重点培育产业。其中，无人机产业围绕并大力支持无人机动力系统、控制系统、任务载荷、数据处理、导航通信和无人机防御等上下游关键技术和创新资源在延聚集，促进无人机产业与人工智能、大数据、5G 和遥感等产业深度融合发展，围绕"专、精、特、新"构建绿色"高精尖"经济结构。

延庆区以获批民用无人驾驶航空试验区为契机，打造无人机全生命周期安全监管的创新聚集区：在生产环节，建设无人系统检测认证中心，无人系统经过检测认证、确保安全后再推向市场；在运行环节，建设无人机运行监管测试中心，持续完善运行管理和安全风险防控、空域协调和飞行活动保障、违法违规飞行处置和试验区评估等机制；在预防违法违规飞行方面，建设低空安全防范系统测试基地，并推进低空安全多场景应用示范，引入国内外顶尖低空安全科研机构、实验室合作，推进低空安全服务生态圈建构。

中国安全防范产品行业协会已成立无人系统安全专业委员会，并继续支持专业委员会前期为民用无人驾驶航空试验区所做的工作，拟从低空安全防范系统测试基地、无人系统产教融合创新示范基地等方面提供重点支持。

低空安全防范系统测试基地可从城市、野外、要地等场景进行测试、评估、验证；试验演练分为探测类和反制类，探测类旨在测试该无人机防御系统的各探测设备的协作能力及探测技术水平的优良等级；反制类旨在测试无人机防御系统的探测设备、反制设备的协作的能力及探测反制水平的优良等级。

在无人系统产教融合创新示范基地建设方面，拟利用延庆第一职业学校新校区正式启用契机，支持有条件的社会组织整合校企资源，开发立体化、可选择的产业技术课程和职业培训包，逐步提高行业、企业参与办学程度，形成产教深度融合、校企"双元"育人的发展格局，促进人才培养供给侧和产业需求侧结构要素全方位融合。结合延庆区定位，推动职业学校优化提升，产教融合实训基地成为以产教融合为遵循、以共建共享为原则、以多种模式为思路、以鼓励创新为要义、以服务双创为宗旨、以服务产业为重点、以多措融资为关键、以政府统筹为基础等方面取得突破性进展的实训基地，争取入选教育部学校规划建设发展中心产教融合实训基地优秀案例，初步建成"产教融合实训基地案例库"，发挥先进经验的引领示范作用，加速放大产教融合实训基地的平台载体作用，完善实践教学体系和实训课程建设，为区域开展产教融合创新实验和共建共享机制开拓思路。

延庆具有独特的区域特色和行业优势，中国安全防范产品行业协会也将一如既往支持延庆民用无人驾驶航空试验区建设，并号召协会会员单位和企业家多多关注延庆、支持民用无人驾驶航空试验区发展。

中国安全防范产品行业协会秘书长　王楠

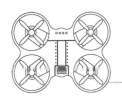

无人机产业作为战略新兴产业，已成为我国经济创新发展的新亮点和增长点。近年来，我国无人机产业链不断升级，分工更细化、成本更节约、资源更专注，民用无人机产业体系逐渐完备，人才、技术、资本等要素日趋完善，特别是随着新基建的持续拉动，国家政策的集中发力，以及 AI、5G、大数据等前沿技术的赋能，有效助力无人机在不同场景的深度融合应用和在各类产业的跨界融合，有力推动了民用无人机产业创新发展，繁荣了产业生态，拓展了市场空间，成为"中国制造"的又一张名片。

目前，"全国社会治安防控体系建设示范城市"（简称："示范城市"）创建评比已开始，并被国务院列入 46 个全国性创建示范活动达标评比项目之一，这是在近年来全国大量压减达标评比项目的情况下，唯一一个新增的创建示范活动达标评比项目，体现了党中央、国务院对社会治安防控体系建设的高度重视。为确保社会治安防控体系建设统一标准、同步推进，公安部制定下发创建标准，要求各地紧紧围绕社会治安立体化、法治化、专业化、智能水平和增强社会治安防控的整体性、协同性、精准性，积极探索创新方法手段和治理模式，培树一批可复制、可推广的先进经验，实现专业化防控更加精准有力、社会化防控更加广泛深入、智能化防控应用更加普及到位，推动形成党委领导、政府负责、民主协商、社会协同、公众参与、法治保障、科技支撑的社会治安治理体系。

而随着无人机作为新型警用装备，不仅在侦查、巡逻、抓捕等行动中发挥着不可替代的作用，也成为各地开展"示范城市"创建活动的亮点和科技支撑力量。安防行业是国家构筑立体化社会治安防控体系、维护国家安全及社会稳定的重要的安全保障性行业。"无人机+智慧安防"，使安防监控从平面扩展到立体，安防技术应用开始进入立体防控时代，在"平安城市""智慧公安"建设中发挥了越来越重要和独特的作用。以圈层查控、单元防控、要素管控为核心，以"示范城市"创建为抓手，以深化公安改革、创新现代警务机制为动力，以"无人机+智慧安防"为支撑，推动社会治安防控体系建设高质量发展，提高对动态环境下社会治安的控制力，可以助力各地开展"示范城市"创建活动。

首届人民安防（八达岭）低空安全峰会的成功召开，是"无人机+智慧安防"产业融合的良好开端。北京安全防范行业协会（简称：北安协）作为北京市公安局指导成立的安防行业组织，秉承为行业、会员、政府、社会服务宗旨，借助北京地区学术优势，依托中国人民公安大学中国低空安全研究中心成立"低空安全专业委员会"，通过整合无人机产业等社会多方资源，充分发挥桥梁纽带作用，通过需求牵引推动企业精准研发产品，加快无人机技术创新及应用，加速商业化应用变革，持续引领行业规范健康发展。延庆区具备了无人机专属空域、检测认证中心、监管测试中心、低空安全研究中心、无人机产业园等无人机产业发展的有利条件，积累了丰富的经验，并在技术创新、人才发展、产业发展等方面加快优质资源整合，以谋划出一条无人机产业科学、高质量发展的延庆之路。通过整合多方优势资源，并持续深入探索"无人机+智慧安防"领域，相信未来延庆区在无人机产业创新融合发展方面将大有可为！

2020年10月，延庆区获批国内首批民用无人驾驶航空试验区；2022年北京冬奥会成功举办，延庆区作为赛区之一也为此次冬奥会贡献了自己的力量，特别是在低空安全保障方面颇具亮点，体现了试验区的建设成果。本着及时宣传推广试验区建设和运行所取得的新进展、新成效、新突破，总结经验做法，延庆区组织出版了《无人机+产业：延庆民用无人驾驶航空试验区的探索》。同时，该书的出版将展现"无人机+"跨界融合的无限可能，北安协作为安防行业组织，将成为无人机产业链中不可或缺的助力，未来也将不遗余力推动无人机产业向前发展！

北京安全防范行业协会理事长　单志刚

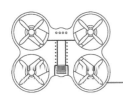

尽管我国无人机产业发展水平在全球范围内处于较为领先的位置，但是在无人机系统与现有空中交通管理体系的集成方面尚存在很多问题，受限于无人机的设备能力和运行概念。目前无人机主要在隔离空域内飞行，无法与有人机协同共域飞行，在很大程度上阻碍了无人机产业的发展。

北京携手张家口举办的 2022 年冬奥会，是全球顶级的体育赛事，是国家的一项重大政治任务，是延庆区实现跨越发展的历史契机，是提高人民生活水平的福祉工程。延庆区作为适合冬季雪上项目比赛场地的同时，其复杂的地形、极寒的天气使奥运安保工作有了更新的特点，大量的安保科技手段和基础设施需要重新规划、重新建设、全面追赶，才能落实科技办奥的理念，才能承载冬奥会安保这一艰巨任务。

延庆区利用成为无人驾驶航空试验区这一契机，支持无人机企业在冬奥会前期测试阶段先行先试，落实"无人机+科技冬奥""冬奥低空安全无小事"，推动建设"测试场+应用示范+创新港"的低空安全产业生态基地，实现安全与发展的动态平衡；在冬奥会后总结经验，推动无人机应用场景示范应用，打造无人机产业"绿色发展"新型示范区。

2020 年，国家提出新型基础设施；同年 4 月份，国家发展和改革委员会对新型基础设施进行了界定，其中一个方面是基于新一代信息技术的信息基础设施。编者认为低空经济发展也需要基于低空新一代空管信息技术的信息基础设施，以有效保证飞行安全。新一代的空管信息技术，应该借鉴国内外军民航空管系统建设运行经验，根据无人机和有人机运行需求及空管服务特点，深入研究无人机融入现有空管体系的方法策略，为探索我国无人机空管技术架构、运行概念和发展路线图奠定基础；同时，利用这些技术实现低空经济新基建，并争取逐渐服务我国低空经济发展。

本书由《无人机+产业：延庆民用无人驾驶航空试验区的探索》编委会组织

编写。孙永生、舒振杰等编写第 1 章，杨建军、刘佳茜、唐苑雯、汪磊、荆继洪、胡克飞、董建伟、张露露、李元编写第 2 章，杜贵和、程海涛编写第 3 章，杨云川、刘欢编写第 4 章，刘铁锁、张莹、蒋冬厚、王华武、杨苡编写第 5 章，刘志瑛编写附录。

　　低空经济发展呼唤"低空新基建"。目前，全国各地多部门都在积极推进低空空域改革，谨以《无人机+产业：延庆民用无人驾驶航空试验区的探索》抛砖引玉，期待低空空域繁忙的景象早日到来！

　　无人机产业仍在快速发展中，鉴于本书编者水平有限，编写时间仓促，书中不足之处在所难免，望读者指正。

编　者

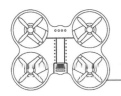

目 录

第1章
延庆民用无人驾驶航空试验区

2012年10月，经国务院批复，中关村科技园区延庆园（简称：中关村延庆园）被纳入中关村国家自主创新示范区，规划面积490.96ha，包括北京八达岭经济开发区304.66ha、北京延庆经济开发区129.3ha、康庄农民就业产业基地57ha。2013年4月，园区获授牌。2014年5月，中关村科技园区延庆园管理委员会成立。

延庆园位于北京市西北部延庆区域内，与河北省交界，毗邻京张铁路、京藏高速、京新高速、京礼高速等多条重要交通干道，是首都西北部生态涵养区，是中关村产业发展与创新辐射的战略腹地和重要空间。延庆园定位为京西北科技创新特色发展区、延庆区域发展引擎、"三城一区"成果转移转化承载地，园区内企业可享受国家、北京市、中关村国家自主创新示范区的各类优惠政策。延庆园牢固树立"绿水青山就是金山银山"的理念，将保障首都生态安全作为主要任务，努力走出一条绿色发展、高质量发展之路。

2016年，延庆区启动无人机产业园项目。2018年，成立无人机专家委员会。2020年5月，中国民用航空局印发《民用无人驾驶航空试验基地（试验区）建设工作指引》，试验区重点在深入开展无人机试运行、开展无人机适航审定技术研究等方面实现突破。中关村科技园区延庆园管理委员会组织专家团队就申请民用无人驾驶航空试验区进行论证，并成立民用无人驾驶航空试验区建设领导小组，以应急救援为重点，成功申报综合应用拓展试验区，获颁牌照如图1-1所示。试验区结合冬奥场馆周边的复杂地形环境，以及任务复杂性和重要性开展应急救援示范应用，提升冬奥外围保障巡查能力和应急救援时效，开展建设城市无人机应急救援新模式，为后续大规模推广应用提供示范。

图 1-1　民用无人驾驶航空试验区牌照

1.1　申请民用无人驾驶航空试验区的基本条件

1.1.1　空域条件

在北京市无人机产业总体布局中，八达岭机场是获得军方和民航局正式审批颁证的通用机场，拥有 374km² 空域，真高 1098m，空域条件优越，可满足大部分固定翼、多旋翼无人机，无人直升机等各类无人机飞行需求和试验试飞的安全要求。其中有 100km² 为无人机空域，可作为无人机试飞空间，如图 1-2 所示。

同时，有 4 块专用起降场地供无人机检测、服务使用。

起降场地

目前，已建设 4 处无人机起降场地，分别为：

（1）八达岭机场起降场地　场地位于八达岭机场内，真高 1098m，跑道长 800m，宽 30m；停机坪长 120m，宽 100m，相应配套设备设施完善，运行管理制度成熟，如图 1-3 所示。该场地可以满足包括固定翼无人机、无人直升机在内的绝大多数无人机起降要求。八达岭机场通信导航监视设备，主要由甚高频电台（无线电通信）、全球定位系统（GPS）、广播式自动相关监视系统（ADS-B）低空监视平台构成。通信设备为 2 套贝克 TG560 甚高频电台，多信道电台系统可提供适用于大型机场、小型机场、定期航线及控制中心的地对空通信。监视

图 1-2　无人机空域

设备为 1 套 ADS-B，可以自动地从相关机载设备获取参数向其他飞机或地面站广播飞机的位置、高度、速度、航向、识别号等信息，以供管制员对飞机状态进行监控。

图 1-3　八达岭机场起降场地情况

（2）无人机创新园起降场地　位于延庆无人机园区，为 2 块梯形场地，区域面积分别为 12675m² 和 10925m²，该空域在八达岭基础空域覆盖范围内，如图 1-4 所示。周边环境条件开阔，西北至东南方向最长直线距离超过 350m。该场地可支持除大型固定翼无人机之外的其他大部分无人机起降，同时临近大多数驻区无人机企业，使用方便。

图1-4   无人机创新园起降场地情况

（3）意谷检测中心起降场地   位于延庆无人机园区内意谷检测中心外场地，整个场地南北方向长度大于73m，东西方向长度大于100m，区域面积大于7300m²，该空域在八达岭基础空域覆盖范围内，如图1-5所示。该起降场地可满足各类垂直起降无人机的起降要求，同时，在相对有限的面积内，设置了2个独立的停机坪，利于不同组人员同时开展起降飞行作业，为检测飞行提高了效率。

图1-5   意谷检测中心起降场地情况

（4）中关村延庆园管委会起降场地   为服务延庆无人机企业，中关村延庆园委托立防链飞（北京）科技有限公司申请了无人机专属空域，并搭建无人机飞行服务管理平台，如图1-6所示，为园区企业提供飞行服务保障。

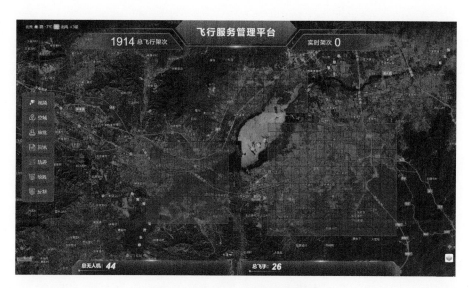

图 1-6　无人机飞行服务管理平台

1.1.2　产业基础

延庆区政府高度重视无人机产业的发展，其被确定为中关村延庆园四大主导产业之一。2018 年 10 月，延庆区委、区政府专门举办无人机专委会成立大会暨聘任仪式，专家委员会将产业园总体定位为军民融合深度发展。2019 年，延庆区与中国航天科技集团有限公司第九研究院（简称：航天九院）达成共识，签订了协议，准备共同在中关村延庆园建设飞鸿系列无人机产业创新基地。该项目是国防科技工业与地方经济社会发展的一个深度融合，具有特别的战略意义，对促进地方发展具有历史和现实意义。同时，延庆区制定了产业园的发展规划、空间布局、政策资金、保障措施，为打造国内具有重要影响力的无人机产业园厘清了思路，指明了路径，提供了强有力的支撑。

经过几年的建设与发展，无人机产业已初步形成集聚，在业内具备了一定的影响，无人机产业链初步完善。延庆区现有无人机研发生产企业包括：航天时代飞鸿技术有限公司、二郎神科技有限公司（美团无人机）、北京清航紫荆装备科技有限公司、北京远度互联科技有限公司（零度智控）、北京立防科技有限公司、立防链飞科技（北京）有限公司、北京大工装备有限公司、北京冠鹰无人飞机科技有限公司、集展通航（北京）科技有限公司、北京零偏智能科技有限公司等 30 余家企业。无人机产品包括固定翼、多旋翼、倾转旋翼、交叉双旋翼、共轴反桨和系留无人机等多种类型，在军民用领域均有广泛应用，已经形成了较为完整的研发、生产、检测和维护保障等全生命周期的产业链条。

其中，航天时代飞鸿技术有限公司是航天九院下属公司，该公司拟在延庆区创新家园占地 214.05 亩（1 亩 ≈ 666.6m²），投资 20 亿元，建设集研发、测试、生产、集成、培训和学术交流为一体的综合性"飞鸿"无人机创新产业基地，在前沿技术研发、智能制造、自动测试、数字化集成、大数据和云计算等新兴领域进行探索创新。项目建设内容主要包括各类创新试验室（4 个）、系列智能生产线（5 条）、无人机系统检测中心（2 个）、培训及售后中心等单体建筑（21 个）。项目产品主要涵盖 50g~5t 的近程、中程、远程和巡航等系列 20 余款无人机。该项目投产当年预计形成产值 20 亿元，3~5 年形成产值 50 亿元。全面建成后，拟形成年产无人机 1 万套以上的生产能力，年收入将突破 100 亿元，带动"飞鸿"系列无人机等相关产业千亿级规模。

1.1.3 政策支持

2018 年，为鼓励企业创新创业，促进科技成果转化，延庆区出台了《中关村国家自主创新示范区延庆园促进创新创业发展支持资金管理办法》。在延庆区政府的支持下，延庆区财政局每年安排 6000 万元，作为延庆园发展专项资金，用于支持延庆园园区建设及项目推进、创新创业发展，促进"高精尖"企业快速集聚。从"支持重点产业发展""支持创新创业生态系统建设""支持创新创业空间资源利用发展"三大方面，制定了 21 条共计 42 项资金管理措施。办法中明确规定了适用对象范围、申请审核流程和监督管理办法，支持资金的管理和使用，遵循了公开透明、重点突出、择优支持和注重实效的原则。

2019 年 9 月，中关村延庆园管委会印发了《关于促进无人机产业发展的若干措施》，每年安排至少 1000 万元，资金管理参照双创资金管理办法实施，用于支持无人机产业创新发展。从"支持无人系统前沿原创技术成果产业化项目""支持无人机适航审定中心建设""支持无人机标准厂房建设""支持无人机企业试飞检测""支持开放性创新平台建设""支持无人机新技术新产品示范应用推广""支持军民融合创新协同发展"七大方面，制定了 10 项资金管理办法。办法中明确了发展目标和审批流程。

1.1.4　专业资源

近年来，延庆区通过广泛内引外联，汇聚了丰富的无人机领域专业资源，针对此次试验区的申报，延庆区进一步整合各方资源，形成了一支由政府、企业、科研机构共同组成的力量，共同推进申报和建设工作。

（1）组建了无人机专班　2018 年，组建了无人机专班，负责园区招商、管理、服务等工作。

（2）成立了专家委员会　延庆无人机专家委员会由王英勋、孙永生、张兵和林德福等 11 人组成，他们均为多年从事民航业发展规划、无人机研制、无人机应用研究和无人机安全管控等方面的专家。此外，国内无人机领域的顶尖专家樊邦奎院士、向锦武院士、中国无人机产业创新联盟秘书长王守杰中将等也先后来延庆考察无人机产业发展，计划通过设立工作站、实验室以及开展课题研究等方式支持延庆民用无人驾驶航空试验区的建设。

（3）拥有了高水平研究机构　2019 年 1 月，在延庆建立了由钟山院士领衔的北清通航无人机院士工作站。该工作站汇聚了由来自清华大学、北京大学、北京航空航天大学、北京理工大学等 33 位专家组成的人才团队，进行飞控系统、通信系统、导航系统等领域的科研工作。2020 年 7 月，由中国航天科工集团第二研究所与意谷无人机检测中心联合成立的"无人系统联合实验室"正式挂牌成立。公安部第一研究所在延庆八达岭山庄建立了无人机检测基地，中国人民公安大学中国低空安全研究中心在延庆建立低空安全联合实验室。延庆无人机创新基地如图 1-7 所示。

图 1-7　延庆无人机创新基地

（4）汇集了专业人才队伍　延庆区本身具备良好的无人机试验人才基础。八达岭机场培养了一批通航运营管理人才，熟知、了解军方空管部门、民航部门的管理流程。永宁机场及周边所驻空军部队的退伍转业人员，拥有飞行技术、雷达指挥、航材保障和职业培训等转业背景，为无人机产业发展运营积累了难得的人才储备。

1.2　延庆民用无人驾驶航空试验区的运行管理

1.2.1　总体方案

试验区按照基础设施完善程度及技术成熟程度分为筹备期、内部测试期、运行期和扩展期四个阶段。

（1）筹备期　筹备期间，由延庆区政府成立专门领导小组，对拟定试验区范围内的基本条件、保障要求进行评估，并对园区内企业进行意见征求。

（2）内部测试期　由中国民用航空应急救援联盟、中国移动、北京远度互联、北京立防科技等主要技术参与方对基础设施、运行方案、技术支持要求进行内部测试，对现行方案进行进一步的完善和整改，为后续典型运行场景细化分类提供基础性可参考数据。

（3）运行期　在内部测试的基础上，按照基本测试、典型场景运行、常态运行三种方案进行。其中，测试类任务是以典型应急救援场景为基础，将运行场景拆分为飞行性能、运行管理、空管协调、人员培训、5G功能适配和飞行程序等多个子环节进行独立测试，为不同类型的无人机企业提供相关技术及产业服务，降低试验准入要求。运行类业务指已经通过基本检验检测能力，希望进一步测试城市运行能力，依照其企业运行、产品性能、机组能力针对特定的应急救援场景进行针对性测试。

（4）扩展期　在运行期间逐步固化成果，通过人工智能、5G通信、边缘计算和云计算等相关技术简化运行程序，以试验区平台为基础形成运行场景、运行风险和行业准入的综合性可复制解决方案。

1.2.2　参与主体

无人驾驶航空实验基地（试验区）建设领导小组组织结构，如图1-8所示。

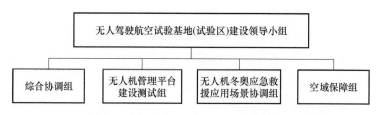

图 1-8　无人驾驶航空实验基地（试验区）建设领导小组组织结构

（1）综合协调组　负责制定政策措施，出台试验区发展目标及规划，综合协调推进试验区的申报、管理运行，协调解决工作中遇到的问题和制约因素，探索多主体、多形式的监管和服务机制，形成民用无人驾驶航空试验区示范的延庆模式。

（2）无人机管理平台建设测试组　实现对无人机空域管理，能够在线进行空域的批复、禁飞限飞区划设、电子围栏设置、信息查询、飞行态势感知、飞行预警及处置、公共信息服务、政策法规推送等功能，提高服务效率；实现对无人机生产、销售、测试相关的登记、申请、信息查询、数据上链等功能，减少复杂的审批环节，节省业务办理时间；实现无人机飞行计划申请、禁飞限飞区域悉知、政策法规及飞行气象查询以及及时向园区反馈意见建议等，及时获取园区管理服务动态，提升业务查询办理时效。

（3）无人机冬奥应急救援应用场景协调组　主要职能是协助各局委积极参与试验区的各项活动，并积极协调冬奥会组织委员会（简称：冬奥会组委）指导，在试验区的建设和运行中，深入开展特定类无人机试运行，开展监管和服务机制探索，加强先进技术应用，探索 5G、大数据、人工智能等在无人机领域的应用，探索起降、气象、通信、导航、监视等设施设备的建设、使用和管理标准，开展支撑要素试验。

（4）空域保障组　主要职能为负责空域保障，并配合项目方协调军方空管部门、民航管理部门办理有关空域手续，确保试验区建设过程中空域资源的应用，为试验区提供适航、运行、空管和经营许可等一体化便捷服务。

1.2.3　运行机制

（1）政府协调主体　延庆区创建领导小组指导，中关村延庆园管委会承担运行管理职能。

（2）空域协调机制　延庆区正建立中心化的成员管理系统和底层区块链服务，以此为基础将关键数据上链，建设以业务管理、飞行管理、飞行监控和飞行服务为基础的飞行服务平台。飞行服务平台可直接用于八达岭机场。

（3）航管运行协调机制　运行管理采用两级申报的方式进行协调管理，由八达岭机场负责现有塔台管制协调，由立防链飞科技（北京）有限公司负责园区内二级管理制度。

1.2.4　运行区域

（1）低风险试验区　低风险试验区以检测中心试验测试区为主，主要对产品进行低风险试飞工作和基本飞行能力测试。

（2）中高风险试验区　中高风险试飞区以产业园区及八达岭机场为基础进一步划设，周边存在高层建筑、有人机飞行、航空运动，且属于人口密集区，该区域仅作为隔离空域测试、有人机与无人机空管运行机制测试用途，在风险可控的基础上进行相关测试内容。

（3）低风险运行区域　低风险运行区包括延庆周边城郊及官厅水库上空区域，用于城郊应急救援测试。

（4）中风险运行区域　中风险试验区以八达岭机场为主，对于特殊区域提前进行划分。

（5）应急区域　中高风险区域中河道、无人区、预设起降区域及树木茂密能够缓解对地撞击风险的区域。

1.2.5　风险描述

运行风险主要包括与空中其他航空器的碰撞风险、与地面人员的碰撞风险、楼宇间飞行与低空高大障碍物的碰撞风险。实验基地前期采用隔离空域将有人机与无人机飞行在时间和空间上进行隔离，同时采用无人机飞行管理平台与现有有人机管理配合使用，降低空中碰撞风险。

通过《民用无人驾驶航空器系统适航审定项目风险评估指南》对风险进行评估；体系风险从组织机构、人员、设备（设施）、过程控制、文件控制、内审及与局方接口进行综合评定。试验区会对参与测试企业进行初步的体系审查，试验区相关部门在人员、设备（设施）及局方接口等方面提供技术支持。

产品风险按照能量等级和碰撞可能等级为主要计算依据，其中城市空中巡查场景主要集中在轻小型无人机，其能量等级（按动能进行分级）主要位于等级 1（34~1084kJ，含 1084kJ）与等级 2（1084~8134kJ，含 8134kJ）；应急救援具有相对飞行高度低于 150m、非管制空域、人口密集区上方运行等特点，其碰撞可能等级主要位于 EC3（高风险）到 EC4（中风险）。园区内提供专门的试验区可进行 1000m 以下飞行测试能力，相关区域为非管制区域、非人口稠密区，即本试验区运行风险为低风险及中等风险运行区。

1.2.6　运行管理业务流程

按照国家《"互联网+"人工智能三年行动实施方案》"完善无人飞行器等无人系统的适航管理、安全管理和运营机制"相关要求，延庆区政府已开展无人机飞行管理平台建设，并于 2020 年 10 月上线运行。该无人机飞行管理平台主要功能如图 1-9 所示。

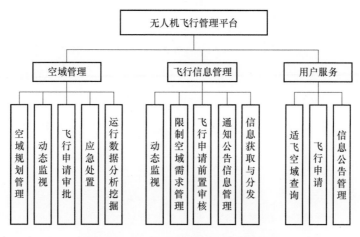

图 1-9　无人机飞行管理平台主要功能

（1）空域管理　主要用于对空域进行综合管理，同时能够监视空域使用情况，对违规飞行发出告警，并进行处置。主要功能如下：

1）空域规划管理，以网格化方式对空域进行动态精细化管理，包括空域划设、空域管理信息发布、隔离空域管理、空域规则汇总收集等功能。

2）动态监视，包括实时监视、违规行为自动判定、警告、违规处置等功能。

3）飞行申请审批，包括空域申请审批、计划申请审批、放飞申请审批和自动审批规则管理等功能。

4）应急处置，包括人工标识位置、远程指挥等功能。

5）运行数据分析挖掘，即运用统计、数据挖掘等方法对积累的运行信息进行分析，发现无人机运行的规律。具体包括运行数据统计分析、无人机飞行模式与规律研究、统计分析数据可视化。

（2）飞行信息管理　作为平台信息传输的枢纽，负责平台内外各类信息的交换，以及为民航、公安等用户提供业务支撑。主要功能如下：

1）动态监视，包括实时监视、违规行为自动判定、警告、违规处置等功能。

2）限制空域需求管理，包括限制空域需求的划设、提交与显示等功能。

3）飞行申请前置审核，与外围公安、民航等业务系统配合，实现注册人、无人机操作人员、无人机等信息的合法性审查。

4）通知公告信息管理，即管理各类无人机飞行管理相关文件。

5）信息获取与分发，包括各模块之间的信息获取与分发：信息种类包括但不限于飞行申请、动态信息等；平台与外围业务系统（仿真或实际系统）之间的信息获取与分发，包括但不限于无人机注册信息、无人机操作人员注册信息等。

（3）用户服务　负责用户飞行申请、空域信息查询、通知公告查询等，具体功能如下：

1）适飞空域查询，对无人机的适飞空域进行查询。

2）飞行申请，包括空域申请、计划申请、放飞申请等。

3）信息公告管理，即对相关的无人机监管法规条例进行管理。

1.3　延庆民用无人驾驶航空试验区的保障措施

1.3.1　安全保障

（1）试验区准入测试　进入试验基地参与相关运行的无人机，需要优先在无人机检测基地进行基本的导航能力、抗风性能、电子围栏设置、起降性能、环境适应性能力测试，通过后方可进入试验基地的正式运行区。

（2）5G通信能力测试　进入试验基地并进行5G相关运行的无人机，需要优先在无人机检测基地搭载 5G 机载终端完成地面测试、低空飞行测试，通过后方可进入试验基地的正式运行区。

（3）冬奥应急救援运行要求　进入试验基地运行的无人机企业应向试验区主管部门提交运行手册、无人机清单、人员资质信息等必要的说明性文件；机组人员应了解冬奥场馆外围运行区域风险及应急措施。

（4）数据接入　进入试验基地的无人机企业应保证飞行全程接入无人机飞行管理平台，运行实时数据和数据报告满足民航局云系统数据交换要求及民航局对于试验区管理的试验云系统要求。

（5）航行情报　由延庆区气象局及八达岭机场提供基本的气象及航行情报，由无人机飞行管理平台提供飞行计划申请及结果查询、城市低空微气象、临时禁飞区等附加航行情报。

（6）应急处置　在无人机系统发生失联、失能、失控等情况时，通过云系统告知相关单位非正常情况发生及故障信息。试验区内具备专门的应急处置沟通机制，对于不同级别问题形成相应的事故报告并逐级上报。

1.3.2　技术保障

（1）无人机飞行服务测试能力　无人机飞行管理平台（见图 1-10）由延庆区入驻企业立防链飞（北京）科技有限公司设计搭建，其功能参见 1.2.2 参与主体中（2）无人机管理平台建设测试组的内容。

（2）无人机/有人机混合运行测试能力　八达岭机场是获得军方和民航局正式审批颁证的通用机场，周围没有其他航线，可与提供无人机飞行服务的立防链飞科技（北京）有限公司合作，探索低空空中交通管理与服务，推动与无人机系统交通管理（UTM）协同融合，实现有人机和无人机空域资源共享，提升空域使用效能；可借鉴军方和民航有人机普遍装备机载通信、导航、监视（CNS）设备保证飞行安全和秩序的经验做法，为保障无人机与有人机混合运行时空域飞行安全，研究无人机系统（含地面控制站）的设备配置需求，建立无人机系统 CNS 设备能力需求矩阵，研究与有人机设备配置能力差别及对空管和混合运行的影响，综合考虑设备成本、无人机载荷承重能力及技术成熟度，确定相应的技术路线，在无人机上安装相关设备，实现无人机对飞行空域内飞行态势的感知。

图 1-10 无人机飞行管理平台

1.3.3 资金保障

延庆区对试验区的建设、运行工作给予充足的资金保障和充分的政策支持。

（1）资金支持 从 2021 年—2023 年，每年从区财政拨款 1000 万元，用于专项支持试验区建设、运行各项工作。

该资金主要用途如下：

1）试验区基础设施的建设，如实验室、试验基地、起降场地、实验成果展示中心等。

2）试验区重要设备、软件的采买，如高端实验设备、飞控软件等。

3）试验区重要试验项目的相关经费。

4）试验区开展无人机创新大赛、低空安全竞赛等大型活动的经费。

以上财政资金在项目支持上分为全额、配套、奖励三种模式，具体如下：

1）全额支持。重点支持关系国家安全、首都安全、奥运保障等方面的试验项目，以及在无人机发展中处于基础性、前沿性地位的试验项目。

2）配套支持。支持面向科技前沿、面向经济主战场的无人机应用类试验项目，由政府给予资金支持，项目主责单位应按相应比例配套投入项目经费。

3）奖励支持。对于纳入试验区试验项目目录的其他项目，在按规定取得并共享相关成果后，可按试验区相关奖励办法取得相应奖励。

（2）制定完善无人机试验区相关引导政策　通过政策牵引，促进各类无人机企业、研究机构在延庆开展无人机试验（见图 1-11），并进行与之相关的成果转化、产业应用等活动。

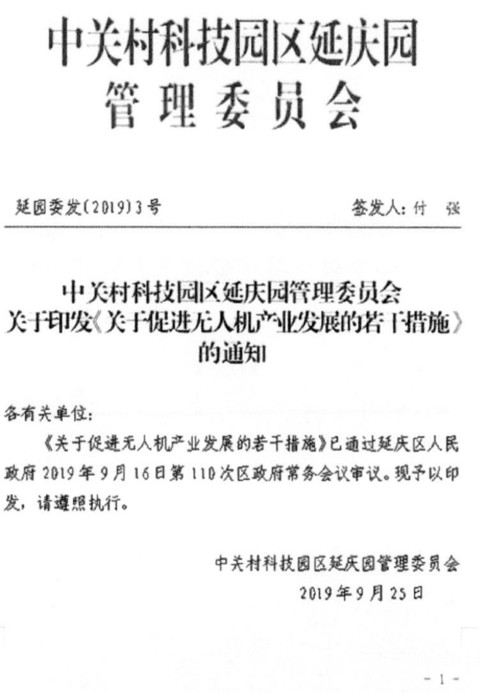

中关村科技园区延庆园
管理委员会

延园委发（2019）3 号　　　　　　　　签发人：付　强

中关村科技园区延庆园管理委员会
关于印发《关于促进无人机产业发展的若干措施》
的通知

各有关单位：

《关于促进无人机产业发展的若干措施》已通过延庆区人民政府 2019 年 9 月 16 日第 110 次区政府常务会议审议。现予以印发，请遵照执行。

中关村科技园区延庆园管理委员会
2019 年 9 月 25 日

- 1 -

图 1-11　无人机试验区相关引导政策

1）制定相关政策鼓励区各区办局、各乡镇结合无人机试验项目，采购符合本单位需要的无人机公共服务。

2）制定相关政策鼓励无人机试验项目在延庆的商业化应用，向无人机应用的实施、采购单位提供资金补贴。

3）制定相关政策鼓励无人机科研机构、企业投入与国家安全、首都安全相关，具有重大基础意义，涉及行业标准制定的无人机试验项目；建设无人机国家重点实验室、无人机技术成果交易中心；举办具有国际影响力的无人机论坛、竞赛、学术活动等；为相关单位和人员提供包括但不限于人才落户、住房保障、子女就学等方面的便利。

1.3.4 政策保障

1. 延庆民用无人驾驶航空试验区纳入市级规划

"十四五"时期是我国开启全面建设社会主义现代化国家新征程、向第二个百年奋斗目标进军的第一个五年，也是北京落实首都城市战略定位、提高"四个服务"水平、率先探索构建新发展格局的关键时期。延庆区作为北京承办2022年冬奥会的一个重要区域，胸怀两个大局，自觉站在"国之大者"高度，坚持首善标准，瞄准国际一流，利用获批民用无人驾驶航空试验区的契机，加快打造低空经济创新高地，并推动北京市相关部门出台政策，支持延庆区率先建成无人机等低空产业科技创新中心。

2. 中关村延庆园管委会出台《关于促进无人机产业发展的若干措施》

《关于促进无人机产业发展的若干措施》提出争取到2022年，引进培养一批拥有核心竞争力的顶尖创新团队，攻克无人机关键核心技术超过50项，发明专利拥有量超过400项；转化一批前沿共性技术成果，培育50家自主创新能力强的重点企业，建立3~5个产业技术创新平台，初步形成无人机产业生态体系，无人机产业实现销售收入100亿元。到2025年，培育5家以上具备世界级影响力的领军企业，制定一批先进的行业应用规范和专业技术标准；打造一批技术先进、性能优越、应用效果好的无人机标志性产品，在重点领域形成国际竞争优势，建设成为具有国际影响力的行业中心。

（1）支持无人系统前沿原创技术成果产业化项目　支持无人机创新企业、产业联盟、高校科研院所等各类创新主体，围绕无人机平台系统、动力系统、控制系统、任务载荷、数据处理、导航通信和安全管控系统等关键技术开展研发创新，支持前沿技术成果的转化、产业化，开展产品研发试验、试飞定型、高端制造等相关业务。对具有自主知识产权的重大创新性成果给予研发支持，最高不超过500万元。

（2）支持无人机标准厂房建设　支持厂房土地所有权人或存量空间资源盘活改造投资建设单位，对权属清晰、手续齐全的闲置厂房、土地进行改造或新建无人机标准厂房，为无人机企业提供生产、研发、设计空间载体。

1）新建载体或土地盘活类。对新建并持有产业载体，或通过拆除原有地上物或在闲置低效土地上重新规划建设的，项目获得相关部门审批且主体工程基本完工，占地面积在 $5000m^2$（含）以上的，给予项目建设、运营主体 $1000\ 元/m^2$ 的资金支持，最高金额不超过 1000 万元。

2）存量空间改造类。不改变原有建筑物主体结构，对存量楼宇、厂房等建筑物实施升级改造，改造面积在 $5000m^2$（含）以上的，按照不超过改造实际投入 50% 的比例，给予项目改造、运营主体不超过 1000 万元资金支持。

支持无人机企业租赁厂房楼宇开展相关业务，按照实际租用厂房楼宇的面积连续三年给予租金支持，前两年免费提供，第三年给予 50% 租金支持。

（3）支持无人机企业试飞检测　支持无人机企业、科研机构按照中国民航局等有关部门关于无人驾驶航空器飞行管理的有关规定，开展产品试飞检测，为企业提供测试场地、跑道和试飞空域。

（4）支持开放性创新平台建设　支持无人机产业联盟、高等院校、科研院所和服务机构等主体联合产业链上下游企业，围绕无人机产业关键环节，搭建开放实验室、检验检测中心、研究中心、创新资源库和众创空间等，引导创新资源集聚，为无人机企业提供研发测试、科技交流、知识产权保护、产业对接和小批量试制等服务。对无人机产业链上下游企业技术提升起到突出支撑和带动作用并获市级以上部门认定的，给予创新平台最高 500 万元资金支持。

（5）支持无人机新技术新产品示范应用推广　支持入园企业在无人机与大数据、5G、遥感等高新技术融合上探索创新，开放无人机应用场景，推动无人机在文保巡查、河道巡查、安保巡查、应急救援、农林植保、物流快递、地理测绘和环境监测等行业领域开展应用。为入园企业创造更多的需求供给对接机会，在重大活动中为企业展览展示、宣传推广等需求提供便利，对无人机新技术、新产品、新模式示范作用强、推广效应好的项目，按照不超过项目总投资或应用示范合同金额 30% 的标准，给予应用示范企业最高不超过 100 万元资金支持。

（6）支持军民融合创新协同发展　支持无人机企业牵头承担军用装备的整体产品、关键系统及核心配套产品的研制任务，对获得市级支持的军转民、军民两用、民参军无人系统科技成果、产品在延落地转化的企业、项目，按照市级奖励给予 1:1 区级配套。对取得武器装备科研生产单位保密资格证、武器装备科研生产许可证和装备承制单位资格证（"三证"）的入区企业，给予一次性 30 万元资金奖励，并协助企业申报军民融合领军企业、骨干企业、示范企业。

3. 中关村延庆园管委会出台《延庆区民用无人机飞行管理规范（暂行）》

（1）管理机制　延庆区无人机飞行管理采用两级申报、一级报备的方式进行协同管理，由八达岭机场负责现有塔台管制协调；由中关村延庆园负责二级管理制度，委托运行主体进行飞行服务，并向延庆公安分局治安管理部门报备飞行活动相关资料。

（2）职责划分　延庆公安分局负责对延庆区无人机飞行的查检监督，相关案件的调查处置，主要包括地面管控和落地查人等。

中关村延庆园负责建立飞行管理运行机制和总体建设，确立运行管理主体，具备提供公共服务所需的人员、运行管理平台、安全防范基础设施等。

（3）运行主体　协助中关村延庆园建立运行管理机制、信息报送机制和相关基础设施建设，统一申请并统筹管理使用延庆区无人机飞行空域，借助飞行服务平台进行飞行计划的审批和报备，依托无人机监测和反制设施设备对合法目标的飞行进行监管，并协助公安机关对违规飞行目标进行处置。

（4）飞行主体　飞行主体负责整个飞行过程中的安全保障，在飞行前要对无人机系统状态、飞行操控人员资质及身体状况（是否饮酒、吸毒、服用国家管制的精神药品或者麻醉药品）进行检查核查，为飞行无人机投保地面第三者责任险（对于新研无人机的测试飞行可在指定空域进行，无须购买保险），并与运行主体签订安全责任协议。依据相关法规要求，通过飞行服务平台向运行主体申报飞行计划，在正式飞行前和飞行结束后须向运行主体报告起飞准备情况和飞行撤收情况。遇有飞行安全事故，须立即向公安机关和运行主体报告，并积极协助调查和提交事故报告。

（5）飞行审批

1）常规飞行：运行主体统一汇总所有飞行申请计划，统筹安排空域使用，飞行前一天向延庆公安分局治安管理部门报备，向八达岭机场上报。无人机正式起飞前均须向八达岭机场报告计划起飞时刻和准备情况，经批准后方可起飞。

2）紧急飞行：使用无人机执行应急救援、抢险救灾、医疗救护或者其他紧急任务，应依据相关法规要求和空中交通管理单位规定进行临时飞行申请，同时向延庆公安分局治安管理部门报备。

（6）禁止行为　任何单位和个人不得利用无人机偷拍军事设施、政府机关以及其他保密场所；不得扰乱机关、团体、企业和事业单位的工作、生产、教学、科研和医疗等正常秩序；不得投放涉淫秽、色情、赌博、迷信、恐怖、暴力和宗教等内容的宣传品；不得运输、投放爆炸性、毒害性、放射性、腐蚀性物质或者传染病原体；不得危害他人人身安全和财产安全，破坏公共设施；不得偷窥、偷拍个人隐私等其他违反法律、法规和规章的行为；无人机驾驶操控人员饮酒、吸毒、服用国家管制的精神药品或者麻醉药品的，不得操控无人机；禁止境外无人驾驶航空器或者由境外人员单独操控的境内无人驾驶航空器从事测量勘查、电波参数测试以及对军事设施，重要政治、经济目标和地理信息资源等敏感区域进行航空摄影或者遥感物探等飞行活动，以及法律法规禁止的其他行为。

4. 中关村延庆园管委会发布《延庆无人机试验区运行管理手册》

（1）总体思路 加强无人机运行顶层设计，构建无人机运行概念，明确无人机运行管理主体、运行机制和解决方案，主要包括运行场景、运营和运维、人员资质、运行监控、基础设施建设及运营、技术解决方案、安全监管、适航管理、空中交通管理及政策措施等方面。

从运行体系、服务保障体系、管理体系三方面建立无人机运行管理体系。基于运行风险，按照隔离、过渡、融合三步运行管理路径，规划先低后高的无人机运行管理策略。

（2）具体工作思路 统筹推进无人机各类典型运行场景试点示范运行，积累运行经验和数据，探索不同运行场景的解决方案，逐步扩大适用范围。

1）考虑无人机未来技术演进趋势，建立基于胜任力的人员资质管理体系。

2）加快无人机运行管理（UOM）平台建设，充分融合军警民等各管理部门信息交互需求，构建中国特色的无人机运行服务与监管平台。建立"民用无人机运行管理平台安全评估系统"，从管理、人员、设备和环境要素进行检查，以运行监控服务为中心分别对飞行计划服务、飞行动态监控及飞行服务保障进行安全评估，保障运行监控平台的安全水平。

3）从地面实物基础和网络基础两个方面，构建适用于无人机运行的基础设施及其运营体系。

4）根据无人机各场景运行管理需求，分析现有民航运行管理技术、5G、北斗卫星导航系统、低轨卫星等先进技术的特点和应用前景，构建无人机各场景运行管理建议技术方案。

5）加强无人机运行安全管理，使用特定运行风险评估方法，对安全风险较高的无人驾驶航空运行进行安全风险评估，并在试运行的基础上逐步建立和完善法规和标准体系，实施分类管理。建立与运行风险相匹配的无人驾驶航空事故调查和事故征候标准，促进运行主体建立安全管理体系（SMS）。

6）建立基于运行风险的无人机适航管理体系，制定无人机适航审定技术标准，研究无人机制造厂商适航体系管理办法。

7）基于隔离、过渡、融合三步运行管理路径，构建无人机空中交通管理策略。

5. 设立无人机产业科创基金

为加快延庆区科技创新发展，促进适合延庆区发展定位的科技成果在延庆落地转化、应用及发展，2019 年 8 月 26 日通过区长专题会审议成立延庆区科技创新基金——北京宸星创业投资中心（有限合伙）。该基金于 2019 年 10 月 28 日完成注册，11 月 30 日完成延庆科创基金第一次实缴 1300 万元，二期出资时间待定。基金总规模 2 亿元，启迪之星（北京）投资管理有限公司为基金管理公司，延庆园投资公司作为延庆区政府代持机构出资 2600 万元，出资比例 13%。基金投资地域主要为京津冀地区，投资于北京地区不低于 50%，投资于延庆地区不低于延庆政府出资额。

同时，中关村延庆园拟引进知名创投机构——金沙江联合资本（GSR United Capital）合作设立延庆无人机低空经济领域产业发展专项创投基金，设立无人机低空经济领域产业发展投资团队，赋能产业招商、赋能产业链企业资本发展和整合。

金沙江联合资本专注于高科技产业股权投资，重点关注泛人工智能（机器人、先进制造、供应链升级等）、产业互联网、智慧交通以及环保等领域的投资与并购机会。自 2009 年创立以来，金沙江联合资本先后得到了中国顶级市场化母基金、政府引导基金、财富管理机构、全球 500 强企业和上市公司等机构的大力支持。基金合伙人和团队成员均拥有丰富的高科技企业运营、投资以及风险管控的经验。依托平台支持的还有一支专业的产业落地合作团队，为企业提供增值服务，助力地方高精尖产业的发展。

延庆无人机低空经济领域产业发展专项创投基金首期规模暂定为 1 亿元，主要投资产业链优势企业，通过上市、并购、股权转让等方式实现退出，拟由延庆区政府指定机构为主发起人、协同市属母基金引导设立（给予社会资本和管理机构优先回购权等政策让利），金沙江联合资本向产业链投资机构、产业园投资机构等其他社会资本募集配套资金共同设立。

6. 人才引进和支持政策

1）延庆区支持无人机领域优秀人才和团队创新创业。对掌握或能够突破关键核心技术、达到国内外先进水平、拥有自主知识产权的优秀人才和团队，在延庆园创办科技型企业，开展科技研发、成果转化的，按照设备购置、房租、研发投入等实体投入的30%，给予一次性创业资金补贴，最高不超过300万元。

2）支持高端人才来延发展。对引进的两院院士、列入省（部）级及以上人才工程计划、获得省（部）级及以上科技创新重要奖项或在所属科研领域拥有国内外领先创新成果，并对延庆"高精尖"产业和经济社会发展具有战略意义的领军人才，根据其层次、影响力、带动力等，按照"一事一议"原则给予住房补贴等支持，支持总额不超过500万元。对在延庆设立院士工作站的，每个院士工作站每年给予运营经费20万元。

3）鼓励优秀大学生来延庆园创新创业。对优秀大学毕业生团队在延庆园创办科技创新型企业，在地经营良好，对延庆园创新创业具有一定引领带动作用，并做出一定经济贡献的，一次性给予5万元创业资助资金。

4）对重点领域高端人才加强引进。按照北京市人才引进政策规定，对符合延庆园发展方向和需求的高端紧缺人才，经所属单位推荐，由区人力资源和社会保障局优先协调落户。

5）加强人才子女入学保障。对符合延庆园发展方向和需求的创新型、创业型、科研型、管理型以及服务型人才，其子女达到入园或入学条件的，经所属单位推荐，由区教委就近协调安排人才子女到延庆优质园所或学校就读。

6）推进人才住房保障。支持通过建设、收购、租赁、改建等方式筹建人才住房，用于保障延庆园重点企业人才的住房需求。对筹建人才公共租赁住房并用于保障延庆园企业人才住房需求的项目建设单位，给予贷款贴息支持，每年贴息标准为上一年度贷款实际发生利息额度的30%，对一个项目每年贴息总额最高不超过200万元，对一个项目贴息连续最高不超过3年。对延庆园人才公租房项目管理运营单位给予房租资金补贴，补贴标准为管理运营单位面向延庆园企业实际租金的30%，每个项目最高补贴额度不超过500万元。对于延庆园人才公租房项目的其他支持，按照"一事一议"原则给予支持。

1.4 延庆民用无人驾驶航空试验区基础设施建设和产业规模"双发展"

1.4.1 提高空域使用率

在北京市无人机产业总体布局中，八达岭机场为进一步促进无人机产业发展，解决企业试飞测试难问题，一是协调提高空域利用率，为企业做好空域服务工作，已签订空域扩大使用协议（面积由以服务中心为半径 1.5km 范围扩大至 374km²），用于入园无人机企业开展无人机产品研发、测试、培训和试飞等飞行活动；二是申请空域使用批复，协调中部战区为园区无人机企业申请空域批件及提供飞行计划的申报、协调、动态监控和飞行安全培训等服务；三是降低入驻企业服务费标准，降低园区企业入驻八达岭机场使用跑道、停机坪、停机库等机场设施的驻场服务费标准。

1.4.2 建设无人机创新园

根据北京市延庆区人民政府关于中关村科技园区发展无人机产业的整体安排和部署，进一步推动高精尖产业的发展，利用东晨阳光（北京）太阳能科技有限公司名下的工业用地（M2），建设无人机组装车间及配套设施项目，为入驻园区的无人机企业提供测试、组装及相关产业配套服务的空间载体。该项目规划分为一、二期两期实施，根据延庆区人民政府会议精神，由东晨阳光（北京）太阳能科技有限公司组织实施投资建设中关村科技园区无人机组装车间及配套设施项目一期。2021 年一期已开工建设，预计 2022 年 8 月投入使用，并同时启动二期建设。

该地块位于延庆区康庄镇东南，西官路南侧，场地南北坡度约为 1.6%，地形为缓坡，建设条件优良。

项目所在区域地形基本平坦，地势呈北高南低。历史最高地下水埋深接近自然地面，根据地震基本烈度区划，属于八度抗震设防区。开发区地质评价为Ⅰ类地区，开发区所在地区属大陆性季风气候，是温带与中温带、半干旱与半湿润的过渡地带，夏凉冬冷，无雾期短，昼夜温差大，年平均温度为 8.5℃，7 月最高达 23℃，1 月最低为 -8.8℃，年平均相对湿度为 57%，年平均降水量为

447.8mm，主导风向为西南及东南风。受该地区地形、地势影响，西南风风速较大。

项目北侧为北京环都拓普空调有限公司、京仪远东系统工程技术有限公司，东侧为北京东方润泽节水科技有限公司，均为工业厂房。考虑东侧及北侧现状建筑为白色、灰色搭配的现代风格，结合无人机产业特点，拟设园区风貌以浅色调为主，搭配深灰色，体量简洁明快，体现科技感和现代感，并与周边整体建筑风格保持一致。同时设置一些开放空间，实现园区空间共享。无人机创新园效果如图 1-12 所示。

图 1-12　无人机创新园效果

1.4.3　推进无人机检测认证中心建设

2020 年 12 月 24 日，国家标准化管理委员会明确下达《民用无人机产品安全要求》等 55 项强制性国家标准要求制定及修订的红头文件，明确将民用无人机产品安全要求列为强制标准。无人机检测认证中心将定位于国家、政府和民众关心的安全问题，从安全的角度提供专业的检测服务，提高无人机产品的质量和可靠性，助推无人机产业健康有序发展。由意谷检测技术（北京）有限公司牵头，在延庆区建设无人机检测认证和适航技术验证试验平台。无人机检测认证中心将建设高水平的试验、测试和认证的公共服务平台，支持延庆无人驾驶航空试验区研发水平的持续提高，从而实现从延庆拓展到北京，从北京面向世界科技前沿、面向经济主战场、面向国家重大需求的战略目标。

无人机检测认证中心将借鉴华测检测、谱尼测试等民营第三方检测机构发展经验，打造拥有独立法人地位，可以公开为试验区内外用户提供检测技术服务的国家级无人机系统安全性第三方检测中心。检测范围涉及固定翼、多旋翼、单旋翼无人机系统，兼顾各种行业应用型无人机系统。主要功能为开展检测能力研究及国内国际标准制定，以公信力权威性，作为核心竞争力；联合行业应用，为试验区内外用户开展无人机系统产品安全性检测认证。检测内容主要涵盖导航定位安全检测单元、避障安全检测单元、无线电链路安全检测单元、抗风能力评估检测单元、安全飞行检测评估单元、身份识别安全检测单元、燃爆安全检测单元及人身损伤安全评估检测单元，如图1-13所示。2021年12月，取得国家质检总局认可的中国计量认证（CMA）证书，目前正在申报工信部中国合格评定国家认可委员会（CNAS）认可资质。

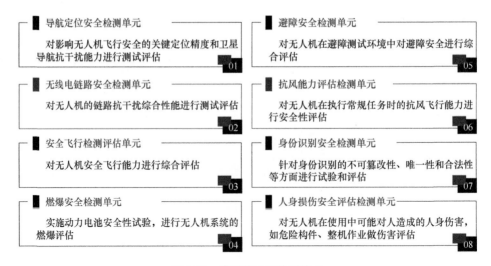

图 1-13　检测单元及检测能力

1.4.4　产业规模稳步发展

为落实中央领导，北京市委、市政府领导的指示，延庆区利用获批民用无人驾驶航空试验区的契机，加强无人机低空经济领域产业发展，在延庆打造"一区一港"："一区"即以中关村延庆园前期布局为基础的民用无人驾驶航空试验区；"一港"即以北京安全防范行业协会和中国人民公安大学中国低空安全研究中心等科研院所牵头的低空安全产业创新港。

1. 无人机产业：民用无人驾驶航空试验区

当前无人机制造成本不断下降、性能不断提升，逐步从军用和高端商用走向大众市场，我国无人机产业呈现出井喷式发展态势，已成为体现我国航空和国防工业水平的重要标志，对于促进新兴产业发展、激发社会经济活力产生了巨大的推动作用。其应用也从传统的军事领域，向航空测绘、环保监测、农林植保、物流运输、电力巡线、应急救援、反恐维稳乃至消费娱乐等涵盖国民生产、生活的各个领域拓展，取得了巨大的经济效益、社会效益，应用潜能加速释放，产业前景十分巨大。

延庆区将以获批民用无人驾驶航空试验区为契机，打造北京市的无人机产业创新示范区：一是无人机产业的核心竞争力来自于科技创新能力，延庆区无人机产业已经初步具备了"技术高地、龙头引领、产业集聚"的跨越式发展的先决条件和产业聚集等独特优势；二是以无人机产业多场景创新示范，聚集创新企业，带动产业发展，打造无人机产业创新示范区；三是利用北京高校院所、创新企业、科技园众多的优势，充分吸引知名高校、创新企业和科技园区的创新溢出和创新转化落地在中关村延庆园无人机产业创新示范区；四是着力打造"产学研一体化"的无人机产业主题空间，吸引国内无人机产业顶级研发机构、实验室和企业入驻，形成国家级的无人机产业创新示范区。

2. 低空安全产业：低空安全产业创新港

低空经济发展的前提是低空安全得到充分保障。低空经济的重要产业——无人机产业近年来发展飞速，随之暴露出一些严重的安全隐患和管理漏洞，无人机影响机场运行事件频发，甚至被不法分子所利用，已经对国家安全、公共安全和个人安全构成了非常严重的现实威胁。公安部于 2018 年 9 月 15 日下发《关于无人机侦测反制装备列装配备的意见》，建议各地公安机关围绕领导住地、政治核心区、重大安保、外事活动、大型活动安保和易燃易爆区域等购置相应设备。低空产业在各级部门的重视下，已逐渐形成。

延庆区努力打造首都低空安全产业创新聚集区，建立完善的智能化基础设施，形成低空安全产业多场景应用示范，引入国内外顶尖低空安全科研机构、实验室合作，探索建立法律法规、技术源头创新的融合创新港，推进低空安全产业服务生态圈建构，从而实现三大目标。

（1）国际低空安全产业创新高地　汇聚国内外顶尖低空安全产业创新技术

研发机构和实验室，形成低空产业创新技术的研发、孵化、转化、产业化和应用示范的完整链条，成为国内低空安全顶尖论坛与巅峰赛事的集中举办地，低空产业核心技术专利保护和交易的核心区域。

（2）低空安全产业发展的样本 具备低空安全产业新技术的研发、孵化、转化和应用示范，成为北京聚集和引领低空产业发展的样本。

（3）低空安全产业发展制高点 随着无人机的日益广泛应用，无人机防御市场也将随之逐渐升温，通过无人机防御检测培训和广泛合作交流，将使更多的政府机构、高校、企业和科研院所等了解产业园区，稳步提升知名度，从而利用平台和资源优势吸引更多优秀的无人机防御企业、科研机构等入驻，形成牵引力、增强聚集力、激发创新力、扩大影响力，增添发展特色，占领行业领域制高点，逐渐形成具有国际影响力的低空安全产业集群，引领国内、甚至国际低空安全发展方向。

第2章
无人机应急救援

2.1 重大活动无人机应急救援的必要性和可行性

2.1.1 冬季雪上运动的"高、寒、冻"条件

延庆区地处华北平原与内蒙古高原的过渡地带，海拔为 813～2174m，山峰海拔多在 1500～2000m，最大高差为 1361m，山势陡峻，属坝上坝下过渡型山区。西北向的寒流与东南向的暖流在此交汇造成的小气候，形成了充沛的降雪。作为适合冬季雪上项目比赛场地的同时，其复杂的地形、极寒的天气使针对重大活动，特别是对冬奥会的安保工作有更新的特点。冬季室外比赛让保护目标暴露面增多，安保维度增加，加之雪天道路交通不易通畅，气象灾害、地质灾害不易控制等因素，需要发挥无人机优势，建立适应高寒山地地区的无人机应急救援相关基础设施，并加强硬软件的实验和测试。

2.1.2 反恐维稳风险加大

延庆区是北京的重要水源地、输电通道和物资供应地，多条公路、铁路通往北京，易受袭击的目标多。作为 2022 年冬奥会的赛场所在地之一，延庆区被推上了国际舞台，也成为反恐的最前沿，面临的暴恐威胁巨大。在当前严峻的恐怖主义形势下，延庆区存在着反恐机制不健全、反恐基础工作薄弱、实战经验欠缺等短板。

2.1.3 安保经验及知识储备不足

我国还没有系统、成熟的冬季户外大型体育赛事的安保经验，延庆区的比

赛项目均在野外山区，面临室外、低温、大风等严峻的自然条件，冬奥会安保工作的整体难度较高。

2.1.4 无人机应急救援优势及前期经验

入驻延庆区的中国民用航空应急救援联盟曾发起 2019 春节"幸福中国行·零点行动"。"幸福中国行·零点行动"在国家 8 个有关部委指导下，在交通运输部救助飞行队、公安部警用航空办公室的全力支持下，由 12 家国家级学会、协会、联合会和基金会共同主办，5 家省级协会协办。"幸福中国行·零点行动"于 2019 年 1 月 24 日上午在中国地震应急搜救中心举行。按照活动计划，1 月 25 日至 2 月 11 日，每天早 8:00 起至落日前 1 小时止，组织 55 家成员单位 515 架飞行器（含：36 家通航公司 306 架飞机、无人机企业 209 架无人机），对国内重要监视区域公路、内河、沿海航线及 29 处易发生事故路段备勤执守、巡航救援。期间，直升机起降 65 架次，无人机起降 312 架次，接听救援电话 5 次（其中完成转运、救援任务各 1 次）。在全国"122"和"120"及各通航公司、无人机企业和社会各救援组织参与保障下，在人民日报、新华社、中央电视台、光明日报、中国新闻社和中国民航报、中国应急管理报、中国应急管理杂志社等新闻媒体宣传报道下，圆满完成此次备勤执守、巡航救援任务，最大限度保障了人民群众出行安全和国家安全生产安全。

2.2 重大活动无人机应急救援前期试点工作

为保障冬奥会筹备工作的顺利开展，结合冬奥会场馆周边的复杂地形环境，单纯依靠传统的人工巡查困难较大，延庆区应急管理局采购 2 架专业巡查无人机用于保障包括张山营镇及周边区域的山区防火巡查、禁毒巡查（罂粟种植）、人员搜救和路口人员值守巡查等综合空中巡查，提升了外围保障巡查能力。

采用无人机巡查范围为东西长约 20km，南北长约 10km，总面积 267km^2；巡查视频画面接入指挥中心，实现实时传输，必要时可以通过 4G/5G 网络实现视频远程直播和分发至移动终端（如手机、笔记本计算机、平板计算机等），所有巡查视频数据和飞行数据均实现云端存储、回放，便于后期调取参考。

张山营镇地形如图 2-1 所示，60% 以上为山区，传统人工巡查较难覆盖山区全部，无人机巡查作为人工巡查的补充，充分发挥其空中优势，除了可以弥补人工地面巡查的覆盖盲区、摆脱地面路网交通条件限制之外，还填补了夜间巡查需求的空白，进而实现综合巡查能力的提升，为冬奥会筹备工作提供便捷、高效的空中数据情报支撑。

图 2-1　张山营镇地形

2.2.1　重大活动前期外围应急巡查

冬奥会筹备工作的有序、顺利、高效开展，需要大量的综合巡查工作来保障，但受限于冬奥会场馆周边复杂地形和交通条件，传统人工巡查方式在覆盖范围和巡查频次方面存在以下不足：

1）在一些人员较难到达的山区和一些地面巡查的视野盲区，人工巡查难度较高且容易出现巡查"盲点"。

2）受限于路网交通条件，在通行不便的山区、水域等特殊地形环境下，或者特殊天气（如冬季结冰）条件下，人工巡查的频次也较难保证。

3）夜间时段的巡查也是人工巡查能力所不能涵盖的。

因此，必须通过先进的无人机技术手段来弥补人工巡查的不足。

2.2.2　产品技术方案

随着近年来无人机技术的高速发展，其作为一种新兴科技被广泛应用于众多领域，特别是在巡检巡查领域，相关技术已经非常成熟。

1. ZT-3VS 警用垂直起降固定翼无人机系统简介

ZT-3VS 警用垂直起降固定翼无人机（简称：ZT-3VS），如图 2-2 所示，是一款纯电动垂直起降固定翼无人机，翼展 2.4m，长 1.1m，最大起飞重量 10.8kg，单架次续航 90min，巡航时速 65～110km，最大巡航时速 125km，抗风能力 7 级，实用升限海拔 6500m，一次起飞可实现对约 100km² 区域的快速应急巡查。

图 2-2　ZT-3VS 警用垂直起降固定翼无人机

ZT-3VS 采用了"多旋翼+飞翼式"固定翼的复合气动布局，支持多旋翼垂直起降、固定翼长航时巡航，其天空端系统构成示意如图 2-3 所示；ZT-3VS 对起飞场地无特别要求，适用范围广泛。

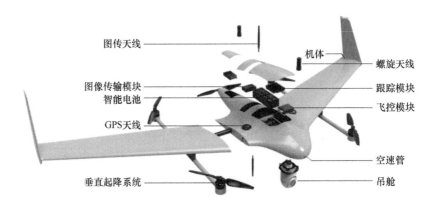

图 2-3　ZT-3VS 天空端系统构成示意

ZT-3VS 采用了国内领先的"四合一"航电系统，如图 2-4 所示，除传统无人机的"飞控""数据链""差分 GPS（RTK）"之外还将"人工智能（AI）"模块也进行了集成，可实现对车辆、人员等目标的自动识别和锁定跟飞，具有航电系统集成度高、性能强悍、安全可靠的优点。

图 2-4 ZT-3VS 四合一核心航电系统

ZT-3VS 搭载了 30 倍光学变焦高精度增稳吊舱（见图 2-5），既可以统揽全局也可以聚焦局部细节，配合"数图一体"数据链可实现对半径 30km 范围的有效覆盖。还可通过增加漫游基站来拓展数据链覆盖范围、增强通信抗干扰性能。

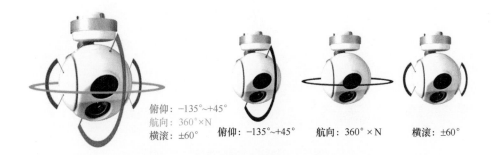

俯仰：−135°~+45°
航向：360°×N
横滚：±60°

俯仰：−135°~+45° 航向：360°×N 横滚：±60°

图 2-5 ZT-3VS 搭载的高精度三轴光电吊舱

ZT-3VS 搭载的光电吊舱拍摄效果如图 2-6 所示。

a) 红外拍摄

可疑目标的局部放大

b) 变焦拍摄

图 2-6　ZT-3VS 搭载的光电吊舱拍摄效果

2. ZT-3VS 技术参数

ZT-3VS 系统通信示意如图 2-7 所示。

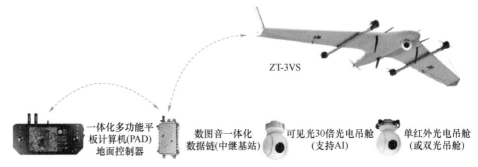

ZT-3VS

一体化多功能平　　数图音一体化　　可见光30倍光电吊舱　　单红外光电吊舱
板计算机(PAD)　　数据链(中继基站)　　（支持AI）　　（或双光吊舱）
地面控制器

图 2-7　ZT-3VS 系统通信示意

ZT-3VS 技术参数见表 2-1。

表 2-1　ZT-3VS 技术参数

项目	参数	项目	参数
翼展	2.4m	机长	1.1m
续航时间	1.5h	有效载荷	1kg
巡航时速	70~125km	抗风能力	起降 6 级；巡航 7 级
最大起飞重量	10.8kg	最高海拔	6500m
起降模式	垂直起降	运输箱尺寸	1200mm×550mm×520mm
支持载荷	可见光三轴 30 倍；红外等	远程直播	云巡 4G 直播、专网直播
数据链测控半径	点对点 30km	GPS	支持 RKT 差分 GPS
AI	自动识别 7 种以上目标；支持机器学习算法；支持自动锁定/跟飞；支持人流密度统计等	增强现实（AR）数据叠加	支持路网、特定数据信息的 AR 画面叠加等
		基站漫游	支持基站数据漫游
数据链拓展	支持中继数据链拓展覆盖范围，可实现城市级别的全域覆盖	软件拓展	森林消防火场态势标注；石油管道 AR 巡线功能等

2.3　"观微之眼"汇报演练

2021 年受北京市延庆区人民政府邀请，北京观微科技有限公司参加了在北京市延庆区举行的"迎'冬奥'——空天地立体联动新保障"应急演练活动。此次演练是根据北京冬奥会赛事需求，为推动建立空天地立体联动新保障系统，以"冬奥"安保为核心、空天地立体联动新保障为主题开展的应急演练活动。演练中，北京观微科技有限公司派出骨干力量全程参与，并将公司自主研发的"观微之眼"云平台融入"空天地立体联动新保障系统"，在空天地立体侦察、无人机火情侦察识别等科目演练中发挥重要作用，探索了利用遥感手段、无人机影像判读实施重要地区应急保障的新模式，出色完成演练任务。

具体演练情况如下：

北京观微科技有限公司于 2021 年 9 月 25 日 10 时 15 分 13 秒接收到无人机对演练区侦测巡查影像（视频）数据，标准数据量大小 68MB，覆盖面积 180m^2。

2.3.1   发现情况

无人机（A/B 侦察机）实时影像显示，机场停机坪中心点西北方向 6m、8m 处发现明火 2 处，同时综合智能履带式侦察机器人现场勘察影像，发现前端火情。

2.3.2   研判情况

通过无人机影像研判，发现着火点准确位置及现场火情（见图 2-8）。

（1）着火点 1   位于停机坪东部，过火面积 60m²，现场风势较大，不但可能吹倒建筑物、刮倒电线杆或者吹断电线，引起火灾，而且还可能导致火场扩大，或产生新的火源造成异地火灾。建议指挥部启动应急预案，实施灭火行动。

（2）着火点 2   位于停机坪西北，推测为房屋内部漏电或发热引起燃烧或引燃周围可燃物。附近有大量易燃易爆物品，易导致爆炸起火。建议出动灭火机器人实施灭火。

图 2-8   八达岭机场演练区影像

2.4   "宙雨阻燃"汇报演练

山东宙雨消防科技股份有限公司参加迎"冬奥"空天地立体演练活动，直观地展现了宙雨阻燃液强大的阻燃和灭火功效。宙雨阻燃液不易挥发、性质稳定、保质期长、运输方便，可以直接用吨桶、液袋、罐车等进行运输，无须做特殊处理。

2.4.1　产品技术

纳米级氢氧化镁阻燃液项目采用氢氧化镁材料，并将其加工至纳米级，完全溶于水中，液体呈无色透明状态后，达到阻燃和灭火功能。溶液中氢氧化镁含量不同，所呈现的耐低温也不同，最低耐受温度为−65℃。图 2-9 所示为储存于容器内的纳米级氢氧化镁阻燃液。

图 2-9　储存于容器内的纳米级氢氧化镁阻燃液

2.4.2　汇报演练方案

1. 无人机+阻燃液的应用——灭油火演习

（1）实验装备　无人机灌装宙雨阻燃液。

（2）实验时间　4min。

（3）实验说明　该实验主要是模拟无人机灭油类火灾。

（4）实验过程　准备一块 40m 长的无纺布，实验之前提前喷洒宙雨阻燃液（测试阻燃隔热效果），在无纺布表面喷洒汽油（测试灭油火效果）。无纺布使用的领域有很多，比如大棚使用的棉被、酒店地毯等都是以其为原材料制作而成，遇火后

宙雨阻燃液效果

灭油火效果

非常易燃，并且难以扑灭。

（5）实验效果　无人机接到灭火指令后，仅用时 10s 就将无纺布上燃烧的汽油全部扑灭。可以清晰地看到载有宙雨阻燃液的无人机灭火速度非常快，用宙雨阻燃液处理过的无纺布并没有被点燃。

（6）实验结论

1）宙雨阻燃液处理过的无纺布的耐火性能达到难燃 B1 级，阻燃隔热效果极佳。

2）载有宙雨阻燃液的无人机显示了它强大的灭油类火的功能。

具体实验过程如图 2-10~图 2-12 所示。

图 2-10　发现火情

图 2-11　开始灭火

图 2-12　灭火成功

2. 消防机器人+阻燃液的应用——森林草原防火灭火隔离带演习

（1）实验装备　消防机器人灌装宙雨阻燃液。

（2）实验时间　5min。

（3）实验说明　该实验主要是模拟森林草原火灾（地面的草帘等同于森林草原进入秋冬季后枯黄的样子）。

（4）实验过程　准备两块 30m 长的草帘，一块草帘使用宙雨阻燃液处理过，另一块没有处理。同时点燃两个草帘。分别观察火势蔓延情况以及载有宙雨阻燃液的消防机器人灭火及复燃情况。

（5）实验效果　可以清晰地看到载有宙雨阻燃液的消防机器人用时不到10s，就将大火熄灭，用宙雨阻燃液处理过的草帘也没有被点燃。

（6）实验结论

1）载有宙雨阻燃液的消防机器人灭火速度快且不会复燃。

2）用宙雨阻燃液处理后的森林草原防火阻燃效果非常好，不会被点燃。

3）当森林草原发生火灾的时候，利用宙雨阻然液能在较短的时间内建立一条隔离带，最大程度保障灭火人员的人身安全。

具体实验过程如图 2-13~图 2-15 所示。

3. 国标 1A 木垛实验

（1）实验装备　宙雨灭火器。

（2）实验时间　10min。

图 2-13 发现火情

图 2-14 开始灭火

图 2-15 灭火成功

（3）实验说明　将国标 1A 的木垛点燃，待充分燃烧后，用宙雨灭火器灭火。灭火后，倒上汽油再次点燃，测试灭火及复燃情况。

（4）实验过程　油盘倒入汽油，点燃后，木垛充分燃烧 50%，时间为 5min，启用载有宙雨灭火器的消防机器人灭火。灭火后，底部再次倒入汽油，利用火把将其引燃，待汽油燃尽观察复燃情况。

（5）实验效果　消防人员接到灭火指令后，仅用时 5s 就将木垛火全部扑灭，二次点燃后，直至汽油燃烧殆尽，木垛也没有复燃现象。

（6）实验结论　宙雨阻燃液灭 A 类火（固体物质火灾，一般在燃烧时产生灼热的余烬），不仅灭火速度快且不复燃。这是因为宙雨阻燃液的主要成分为纳米级氢氧化镁，在持续灼烧或烘烤的情况下，会形成白色的氧化镁，迅速包裹住可燃物，可耐受 2852℃ 高温，达到 B1 级（难燃类材料，其在空气中遇明火或在高温作用下难起火，不易很快发生蔓延，且当火源移开后即停止燃烧。）阻燃效果，适合用于阻燃产品的生产，以减少甚至避免火灾的发生。

具体实验过程如图 2-16～图 2-18 所示。

图 2-16　点燃木垛

图 2-17　二次点燃木垛

图 2-18　灭火成功

2.5 "无伞空投"汇报演练

西安腾谦电子科技有限公司参加汇报演练的科目是应急医疗无伞空投箱。该产品是在国内自主开发的军用无伞空投箱技术基础上，根据航空应急救援的需求定制开发的，整体已达到国际先进水平。

无伞空投箱（见图 2-19）采用特种滚塑工艺及进口复配原材料，通过特定设备加工而成。无伞空投箱主要由箱体、箱盖、附配件等构成，展收方便，操作简单。箱盖及箱体采用特殊的凹凸结构，配合密封胶条对箱体实现密封要求。箱体可堆码、可抬行，便于机械化运输。可实现在 100～300m 高度，直接无伞空投药品、食品、器材及油料等军用物资或应急物资。可空投的最大重量，从数公斤至数百公斤，既可从

图 2-19　无伞空投箱

运输机及直升机上实施空投，也可从各类无人机上空投。该系列产品填补了国内无伞空投箱的空白，在未来战争和抢险救灾等行动中有着重要的作用。

具体汇报演练过程如下：

无人机携带应急医疗器材和药品从超过 100m 的空中投送，经现场工作人员检查确认，所投送物资位置准确、完好无损。具体演练过程如图 2-20、图 2-21所示。

图 2-20　无人机空中投送物资

图 2-21　现场工作人员接收空投物资

2.6　"应急照明"汇报演练　

极客桥（北京）科技创新有限责任公司携带其最新系列产品参加了此次汇报演练，实现用自己的创新产品为北京冬奥会保驾护航的目标，践行了"用创新创造价值，用爱心服务社会"的企业宗旨。

具体汇报演练过程如下：

在指挥员下达指令后，极客桥多款无人机迅速升空，为演练现场提供大范围、长时间不间断空中照明、空中广播和空中视频监控应急保障，并实时向后方指挥中心传递前方图像信息。

极客桥无人机 1

极客桥系留式无人机系统具有方便携带、环境适应能力强、操作简便等特点，解决了无人机受限于电能无法长时间滞空的难题，可以连续悬停空中超过 100h，为特定区域提供长时不间断的空中照明、广播和视频监控直播等服务，是许多应急场合不可或缺的高科技后勤保障。

1）夜间野外长时间应急照明一直是世界性的难题，极客桥首创的照明无人机有效地解决了这一难题。极客桥照明无人机搭配 600W 大功率发光二极管（LED）灯组，光通量 10 万 lm，光照范围 8000m^2，可抗 7 级大风，支持在各类复杂环境下作业。

极客桥无人机 2

2）极客桥广播无人机声音覆盖半径为 500m（约 80 万 m^2），声音强度约 100dB，有效半径内声音清晰可辨，为现场应急演练和各类公共安全处置等应急场合提供高质量的空中广播和指挥服务。

极客桥无人机 3

3）极客桥的视频直播无人机（见图 2-22），采用 170°A+级广角 7 玻镜头，视频分辨率最高可达 4K，具有 Super Smooth

图 2-22　视频直播无人机

防抖效果，智能算法矫正畸变。云台可控转动范围−90°～+30°，可进行大范围直播、录像。直播效果可通过高清多媒体接口（HDMI）、实时流传输协议（RTSP）、开放式网络视频接口论坛（ONVIF）输出，可做到实时转播；也可通过全网通，光纤网络传输（支持虚拟专用网络——VPN）进行传输，为现场演练提供高质量的长时空中高清全景监控和视频直播。

2.7　"立体安防"汇报演练

受延庆区人民政府邀请，北京立防科技有限公司参加汇报演练。值得关注的是，本次演练将低空安全应急处置作为重大突发事件应急处置的单一科目进行讲解示范。这是因为随着无人机的广泛应用，在突发事件发生后，一些无人机爱好者可能会第一时间航拍事故现场，并上传互联网，导致舆情炒作。这不仅给政府的处置造成被动，也容易影响正常的空中应急救援秩序。突发事件现场管控由地面二维管控变为立体三维管控。为有效维护突发事件空中救援秩序，防止黑飞无人机偷拍现场，北京立防科技有限公司采取车载式无人机防御系统和便携式无人机反制设备迅速抵达事故现场，通过车载式无人机侦测系统的黑白名单功能对现场低空飞行态势进行实时监控，并通过干扰系统的精准反制功能和便携式无人机反制设备的组合使用，在不影响同一空域邻近执行任务的无人机的情况下，成功将黑飞无人机迫降至地面指定区域。

具体演练过程如下：

演练分单架无人机探测与反制和多架无人机探测与反制两个科目，分别演示对无人机远距离探测识别、交叉定位、反制处置和飞手抓捕等。在八达岭机场部署 3 套固定式无线电探测反制设备，用于对目标无人机及其地面遥控设备进行测向交叉定位；1 套车载式无线电探测反制设备，利用其在快速移动过程中的测向功能寻捕飞手；1 套便携式无人机探测和反制设备，用于处置单架黑飞无人机。将便携式、车载式、固定式无人机防御设备进行梯次部署，实现分级防御。

演练采取红蓝对抗方式进行，分导调组、红军组、蓝军组 3 个小组，导调组负责整个演练的导调和解说，并在观摩区设置显示大屏，实时显示演练态势，便于观摩人员理解。

1. 科目一：单架无人机探测与反制

导调组宣布科目一演练开始，蓝军起飞大疆"御"无人机 1 架，并悬挂异物快速飞向演练区域，此时红军指挥员及时报告无人机侦查态势，立即命令车载式无人机防御系统值勤人员根据侦查方位和车载寻向功能快速向飞手遥控设备方向机动；同时，命令携带便携式无人机侦测反制设备的值勤人员前往处置。值勤人员利用望远镜观看无人机并报告无人机所处位置、外观特征和种类、挂载物资、运动方向以及无人机下方地面情况等。指挥员迅速发出指令，首先利用便携式反制设备的驱离干扰模式将无人机驱离至空旷安全区域，进而利用迫降干扰模式将无人机迫降至地面，进一步判明携带物资属性后，在持续压制干扰下靠前将无人机反扣，踩住螺旋桨将电池拆卸，并将无人机带回取证处置。此时，车载式无人机防御系统值勤人员抵达飞手位置，迅速将飞手抓捕。

2. 科目二：多架无人机探测与反制

导调组宣布科目二演练开始，蓝军起飞大疆"御"无人机 2 架、大疆"精灵 4P"无人机 1 架、大疆穿越机 1 架，从不同方向悬挂异物快速抵近演练区域。此时，红军指挥员及时报告无人机侦查态势，并立即将侦查态势通过手机 App 实时推送至各点位值勤人员，各点位值勤人员通过望远镜将观察情况进行上报。指挥员命令固定式无人机防御系统开启全向驱离干扰，各无人机分别返航至起飞地点。同时，根据无人机侦测系统对飞手的定位结果，派遣人员前往抓捕。

3. 科目三：合作与非合作无人机目标探测与管控

导调组宣布科目三演练开始，我 1 架大疆"御"无人机按照预设计划执行正常巡查任务，蓝军起飞 1 架大疆"御"同机型无人机，从外围悬挂异物快速抵近演练区域，企图进行干扰破坏活动。此时，红军指挥员及时报告无人机侦查态势，并立即将侦查态势通过手机 App 实时推送至各点位值勤人员，各点位值勤人员通过望远镜将观察情况进行上报。指挥员命令固定式无人机防御系统开启精准驱离干扰模式，对低空空域进行管控，在不影响我任务无人机正常飞行状态下，将蓝军无人机驱离演练场区。同时，根据无人机侦测系统对飞手的定位结果，派遣人员前往抓捕处置。

汇报演练现场如图 2-23 所示。

图 2-23　汇报演练现场

第 **3** 章

京张协同无人机巡检保电

　　延庆民用无人驾驶航空试验区结合北京、张家口赛区和延庆雪上运动赛事特点，加强顶层设计论证，强化科学性、前瞻性、指导性和可操作性，体现与北京、张家口方面的合作联动，在硬件设施、技术接口、资源配置、预案制定等方面实现与张家口的无缝对接。国网通用航空有限公司（简称：国网通航公司）作为国家电网有限公司（简称：国网公司）的空天技术专业平台，积极支持延庆民用无人驾驶航空试验区建设，以"面向运行场景、基于运行风险"为指引，在重大赛事——冬奥会前期测试阶段先行先试，在冬奥会举办期间发挥积极作用，以"无人机+科技冬奥"助力北京冬奥组委会，兑现"承办一届精彩、非凡、卓越冬奥会"的承诺，达到了"国内可复制、国际可推广"的国际水平。

3.1　概述

　　举世瞩目、举国关注的 2022 年北京冬奥会和冬残奥会（以下统称北京冬奥会）已圆满落幕。自 2 月 4 日北京冬奥会开幕以来，运动健儿们赛场鏖兵，为观众带来一场场精彩纷呈的竞技体验，而冬奥会的主角并不只是现身于赛场之上的健儿。2022 年 1 月 17 日，在外交部例行记者会上，外交部发言人赵立坚表示，本届冬奥会最大的特色之一就是"绿色环保"。北京冬奥会三大赛区 26 个场馆历史性地首次实现 100% 绿色电能供应，这意味着可节约 490 万 t 标准煤，减排 1280 万 t 二氧化碳。可以说，中国完全践行了"绿色办奥"的理念。中国"绿色办奥"不仅是为了兑现自身"双碳"承诺，更是在向世界提供如何处理好人与自然、发展与保护关系的中国方案、中国智慧、中国贡献。"张北的风，点亮北京的灯"，已成为本届冬奥的名片之一。可以说，为"绿色办奥"提供保障的清洁能源也是冬奥会的主角之一。

"零排供能、绿色出行、5G 共享、智慧观赛、运动科技、清洁环境、安全办赛、国际合作",全球亿万人共同领略了"科技冬奥""绿色冬奥"前所未有的卓绝魅力,而其幕后的科技与创新,也同样彰显出非凡的"中国智慧"与"中国力量"。

2019 年 1 月 30 日,北京冬奥组委会同国网公司举办北京冬奥会场馆绿色电力供应签约仪式(见图 3-1)。当日,国际奥委会第一副主席、北京冬奥会协调委员会主席胡安·安·萨马兰奇,北京市副市长、北京冬奥组委执行副主席张建东等共同见证北京冬奥组委与国网公司签约。胡安·安·萨马兰奇表示,场馆清洁能源的使用在以往的奥运会中都有所体现,但北京冬奥会将实现所有场馆由绿色电网全覆盖,这在奥运历史上尚属首次。

图 3-1 北京 2022 冬奥会和冬残奥会场馆绿色电力供应签约仪式

顶着世界级赛事日程迫近压力,在饱受国际关注的项目建设过程中提出雄心勃勃的节能减排规模,并伴随着中国经济进入新常态,特别是提出"双碳"目标和"严控煤电项目"双重约束的背景,这无疑是充满挑战的。随着北京冬奥会"科技办奥""绿色办奥"目标的确立,"冬奥绿色电网"的建设任务日趋艰巨,供电运维保障任务更是重中之重。如何利用包括无人机、直升机在内的先进空天科技成果,全方位、全过程、多角度、多层次地为这一世界级重大电力保供活动树立行业典范,为国网公司打造坚强可靠电网、确保冬奥用电安全保驾护航，成为国网通航公司的重要使命。

3.2　电力无人机应用发展现状

无人机保障服务电力行业应用已久。"十二五"期间，国网公司编制并下发了《输电线路直升机、无人机和人工协同巡检模式试点工作方案》，开始试点并逐步扩展直升机、无人机以及特种作业设备的应用，组织国网通航公司等单位作为技术支撑单位开展试点工作，建立了一种创新型的输电线路协同巡检作业模式，将无人机巡检作为一种新型巡检手段，形成对直升机巡检和人工巡检的有力补充。"十三五"期间，国网公司全面推广无人机巡检模式，持续推进无人机作业装备升级，加强无人机人才队伍建设，健全无人机巡检作业体系，实现输电线路巡检由人工巡检为主向无人机巡检为主的模式转变，朝着规范化管理、智能化作业的方向发展。国网公司"十四五"规划指出，在巩固做好无人机自主巡检工作的同时，要从业务、技术、管理、队伍四个方面着手，构建"立体巡检+集中监控"设备运维管理新模式，加快现代设备管理体系落地，建设具有中国特色国际领先的能源互联网企业。

3.3　电力无人机巡检系统

输电线路巡检是电网运营维护管理部门需要进行的一项重要工作，为了确保电力线路的运营安全，通常需要定期对线路进行巡检，以便及时发现和排除安全隐患。为了掌握线路的运行状况和及时排除线路的潜在隐患，电网企业每年都要耗费巨大的资源全面开展线路巡检工作。而传统的人工电力巡检工作存在强度高、效率低、范围有限等问题，已越来越难以适应电力线路运维发展需要。

随着数据采集技术、信息处理技术的进步发展，利用无人机、直升机携带多传感器获取多源数据已经成为巡检输电线路的重要手段。

3.3.1　固定翼无人机巡检系统

1. 系统介绍

国网通航巡线鹰 GW-25 垂直起降固定翼无人机（见图 3-2）具有大载重、

长航时、长距离的作业优势，广泛应用于输电线路通道巡视与数字孪生领域。

图 3-2　国网通航巡线鹰 GW-25 垂直起降固定翼无人机

固定翼无人机巡检系统，通过搭载数码相机、双光吊舱或三维激光扫描仪等设备，获取输电线路通道范围内高精度的数字正射影像以及高密度的点云数据，可对通道地形进行三维数字化建模，建立输电线路全景监控平台，实现线路的自动化智能选线设计与路径优化，也可进行通道树障距离、交跨跨越安全检测，为输电线路的数字新基建与数字化运维提供数据基础。

2. 关键技术

（1）GPS/惯性测量单元（IMU）组合导航技术　GPS 可以全天候提供无人机精确的时间、速度以及位置等信息，在长时间内也能保持较好的稳定性，可用来校正 IMU 提供的速度和位置等误差参数；IMU 不受气候、地点等外部因素的影响，也不会产生信号丢失的问题，可向 GPS 提供相关初始速度和位置等信息，以增加 GPS 的定向操作性能，二者结合可以快速获取无人机位置信息与姿态信息。无人机导航定位基站如图 3-3 所示。

（2）双机中继通信技术　双机中继通信技术是利用两架无人机协同开展作业，一架无人机（称为"中继机"）搭载中继设备于起降点上方盘旋形成中继站，一架无人机（称为"任务机"）搭载载荷设备沿输电线路通道开展巡视作业。作业期间中继机在作业范围内障碍物海拔之上的高空盘旋，形成自上往下的全地形通信覆盖，保持其与任务机、地面端一直处于通视状态，维持任务机-中继机-地面站的数据通信链路，实现地面站控制指令和任务机采集数据实时双向转发，可提升数据通道质量，扩大覆盖范围，规避遮挡物对于通信链路的影响。国网通航公司双机中继系统"空-空-地"链路与传统"空-地"链路抗遮挡对比示意如图 3-4 所示。

图 3-3　无人机导航定位基站

图 3-4　"空-空-地"链路与传统"空-地"链路抗遮挡对比示意

3.3.2　多旋翼无人机巡检系统

1. 多旋翼无人机巡检介绍

多旋翼无人机（见图 3-5）具有反应灵活、操作简单、载荷丰富和携带方便等特点，广泛应用于 110kV 及以上输电线路的精细化巡视作业。利用搭载照相机、摄像机、红外热像仪等多种载荷，获取目标区域高分辨率的照片与视频数据，利用图像分析与智能识别，检测输电线路杆塔、导线、绝缘子、线夹和销钉等设备的破损、丢失及红外发热等缺陷，为检修人员提供精确的数据支撑，大大提高运维质量与效率。

2. 多旋翼无人机巡检关键技术

（1）自主巡检技术　该技术基于激光点云数据采集及自主导航航线数据应

图 3-5　多旋翼无人机

用等过程，使用自动提取拍照点技术，规划无人机精细化巡检航线，基于北斗卫星高精度定位服务实现无人机精细化巡检航线全流程应用覆盖，可有效提升输电线路运维服务效率与质量。

在国网公司大力发展、全面实现"机巡为主、人巡为辅"的协同巡检模式下，国网通航公司实现了精细化巡检航线的自主生成，通过少量的人工干预，可满足对 35kV 至±1100kV 多种电压等级的杆塔精细化巡检。同时，配套无人机飞行控制系统，实现多旋翼无人机起飞前自主安全检测，飞行中自动驾驶、断电续飞，巡检完成后自主返航等的自主巡检飞行模式。相关系统界面如图 3-6 和图 3-7 所示。

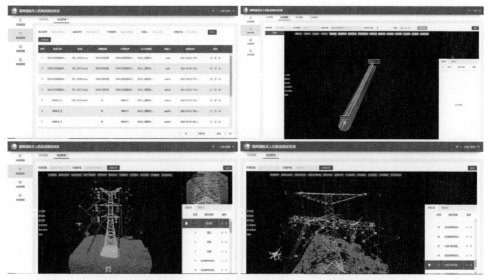

图 3-6　国网通航无人机航线规划系统（B/S）航线规划模块

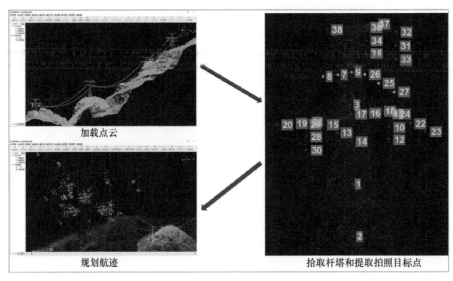

图 3-7　国网通航无人机航线规划示意

　　基于输电线路杆塔的复杂背景图像数据或激光点云数据，利用自动分析算法，识别并提取拍照目标点（塔全貌、塔身、塔头、塔基、地线挂点、绝缘子串、绝缘子两端挂点、跳线和两侧通道），规划无人机精细化巡检航线。飞行控制系统同步任务管理系统中的精细化巡检任务信息以及航线数据，可自动调整飞机及云台的姿态，高效执行杆塔精细化巡检自主飞行任务。

　　（2）缺陷智能识别技术　输电线路设备种类复杂，数量繁多，通过分析杆塔、绝缘子、导线的特点，建立高效、精准的 AI 图像识别算法，对无人机自主巡检的照片进行质量监控与数据整理，自主检测设备类型，判断设备缺陷并精准定位，减少人工分析工作量，提升工作效率。

　　典型电网缺陷识别 AI Faster R-CNN 类目标检测网络架构如图 3-8 所示。它使用结合自注意力机制的骨干网络提取出特征，并通过区域建议网络预测图片的每个位置存在不同大小、长宽比目标（被称为前景）的概率；接下来选取固定数量的前景概率较大的区域，并将这些尺寸各异的区域所对应的语义特征通过区域池化层映射为相同的大小和维度；之后，对每个区域，将特征经过两个全连接层和线性整流单元层的变换，生成表示该目标属于每个类别概率大小和相对位置的分值。若缺陷类别的分值大于特定阈值，则将区域判定为缺陷并输出。该模型可识别异物（比如鸟巢）、绝缘子自爆、防振锤损坏、导地线散股断股、细小金具缺销钉、销钉脱出、线夹倾斜及损坏等缺陷。

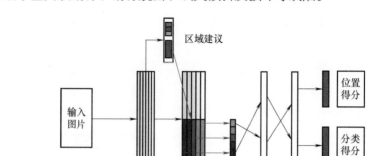

图 3-8 典型电网缺陷识别 AI Faster R-CNN 类目标检测网络架构

3.4 重大活动保电无人机典型应用案例

3.4.1 冰雪赛场鏖兵，空天技术保驾护航

在国网公司党组的坚强领导下，国网通航公司作为朝着建设空天技术应用服务专业平台方向深耕探索的国家电网重大活动保电保障支撑单位，全力以赴、不辱使命，圆满完成了北京冬奥会保电及保障各项任务——在冬奥会和冬残奥会期间，承担重要保电线路无人机、直升机保障以及冬奥会电视转播任务的直升机在所属机场起降与停放保障工作，并成为国内首家纳入国家重大活动空域保障体系的通航企业。图 3-9 所示，为正在执行保电任务的无人机、直升机。

图 3-9 执行保电任务的无人机、直升机

1. 技术资质专业可靠

（1）保障总体技术支撑 北京冬奥会保电期间，国网通航公司充分发挥空

天技术专业优势，深化无人机、直升机及空天一体平台应用，助力构建国家电网空天一体式立体综合保障网。首次明确作为专业保障支撑单位纳入国家电网公司北京冬奥会保电工作方案，正式加入国家电网应急保电体系，为国网公司北京冬奥会保电及冬奥组委媒体运行处和奥林匹克转播公司提供支撑服务。

（2）发挥空域协调优势　冬奥保电伊始，国网通航公司积极向中央军委联合参谋部作战局、中部战区空军参谋部和中国民航局汇报，将国网通航公司保电任务纳入国家重大活动空中保障体系与民航局冬奥专项保障计划，成为纳入北京冬奥会空中保障体系的唯一央企，打通了直升机、无人机飞行空域绿色通道，可确保冬奥会期间空域随时可用，航空器随时起飞。充分彰显了央企"顶梁柱"作用，使国家电网公司在国家航空应急体系中的作用进一步增强。

（3）扎实编制保电方案　国网通航公司明确"1+6+9+2"保电方案体系（总体方案+6个工作组+9种保障措施+任务实施方案、网络安全方案），印发国网通航公司《2022北京冬奥会和冬残奥会供电保障工作方案》，明确工作目标、工作组织、运转机制、工作安排、疫情防控、保障措施和工作要求等细节，编制精细化巡视、应急特巡、应急备勤等专项任务实施方案与资源配置清单，强化一体化设计，形成保电部署一盘棋。

2. 任务执行高效扎实

根据总部、省公司保电任务与国网通航公司保电工作部署，分阶段执行不同形式保电任务。根据任务要求，国网通航公司分时段先后部署了9个直升机机组与2个无人机机组，在北京、河北、山西、内蒙古等相关区域基于双机协同中继、带电作业等先进技术手段开展北京冬奥会重要线路保电巡视与应急抢修，全天候、多层次保障线路里程近3000km，如图3-10所示。

（1）精细化巡视助力赛前检修　冬奥会开赛前，国网通航公司积极对接国网公司、省公司要求，组建5个专项巡视类机组，在北京昌平、河北张家口、山西大同等32条重要线路（山区段）开展赛前精细化巡视，累计投入1323人/天，巡视1486km，发现缺陷195处，为冬奥会筹备阶段扫除设备故障隐患。

（2）赛事期间航空器热备勤　冬奥会赛事期间，工程抢修兼航巡类直升机组1支驻场定陵机场、航巡类直升机组1支驻场张家口赵川起降点、航巡类中大型无人机组2支驻场定陵机场，开展24h主动应急备勤工作，累计投入1868人/天。4支保电机组提前开展冬季设备车辆检查与防滑链安装应急演练，制定与总指挥部、二级指挥部相适应的主动备勤标准化工作流程，确保随时响应电网航巡、

图 3-10　国网通航公司双机协同无人机保电示意

检修、运输等应急需求任务。

（3）应急特巡空中护航重要通道　应冀北电力需求，国网通航公司组织 2 支中大型无人机机组提前启动雪后通道特巡，完成重点保电线路巡视 323km。冬奥会、冬残奥会赛事转换期间，4 支北京冬奥会保电机组抢抓赛事转换时间段，累计投入 368 人/天，对北京、河北等地 1309km 重要保电线路通道开展应急特巡工作，为冬残奥会顺利召开保驾护航。

（4）冬奥组委赛事航拍转播全程专业保障　冬奥会与冬残奥会正赛期间，冬奥组委媒体运行处搭乘北京警航 2 架直升机执行冬奥航拍任务，国网通航公司定陵机场负责空域协调、起降指挥、航油加注和安防保卫等工作。期间，严格开展背景审查、疫情防控、资源协调和专业支撑工作，投入 2392 人/天，累计完成航拍保障 22 天，累计飞行约 75h，安全起降 85 架次，加注航油 28625L，以优异成绩获得 OBS 与北京警航高度肯定。

3. 配置周密成效显著

（1）机组装备及预案高标准配置　冬奥空中保障体系作业期间，通过为机组配置北斗、GPS 轨迹仪，起降场视频，铱星电话等监控、通信设备，调度控制大厅采用集中放行等方式，对保电机组飞行动态及现场作业活动进行实时监控，并对保电机组飞行计划统一申报与协调，以切实保证现场飞行安全可控。同时，根据保电期间极寒天气、疫情防控、节日庆祝、涉外保障等运行特点，加强作业机组防冻、防寒、防冰和防疫保障，加强人员思想教育与空管教育，加强直升机备降、绕航和无人机失联等特情处置预案制定，确保冬奥会期间飞行绝对安全，不发生违反管制指令事件，以最高标准、最强组织、最佳状态，确保高质量、高标准完成了北京冬奥会供电保障任务。

（2）机组管控主动现场指挥备勤　定陵、赵川2个现场指挥部人员实行全封闭管理，全程同步开展值班工作。定陵指挥部统筹3支驻场机组管理，扎实完成专业保障，为北京冬奥会保电工作圆满完成提供了坚强支撑。赵川指挥部成员全程驻扎赵川起降点，克服食宿条件有限的困难，保持高标准主动备勤状态。4支保电机组严格备勤作息，备勤期间专业工装穿戴整齐、态度严肃。赛事转换期间高标准完成总部与冀北电力应急特巡任务，切实展现了国网通航公司冬奥保电共产党员突击队的风采，如图3-11所示。

图3-11　国网通航公司冬奥保电共产党员突击队

（3）机组宣传维稳有效防范风险　保电期间，国网通航公司上下提高政治站位，预先开展机组不稳定因素排查，杜绝失泄密事件，把不稳定因素消除在萌芽状态，完成好维稳保密任务。同时，依托应急备勤机组成立保电党员突击队开展相关工作，积极向中央各类媒体平台推送新闻，宣传维稳取得积极效果。

4. 服务全面收获圆满

北京冬奥会保电期间，国网通航公司周密部署、靠前指挥，各级领导干部履职尽责、担当作为，一线员工全身心投入、扎实工作。保电期间全员累计投入值班力量1002人/天，作业力量5951人/天，以饱满的精神、昂扬的斗志、过硬的作风圆满完成了保电任务。

3.4.2　预先优化建设，辅助设计张北柔性直流工程

1. "冬奥绿色电网"——张北柔性直流工程

张北柔性直流（简称：张北柔直）工程是世界首个柔性直流电网工程，也是世界上电压等级最高、输送容量最大的柔性直流工程之一。这样一项绿色电网特高压输电线路的建设，兑现了北京"绿色办奥"的承诺。

2. 无人机辅助优化设计"冬奥绿色电网"成绩斐然

张北柔直工程特高压输电线路具有线路距离长、覆盖范围大、安全可靠性要求高、建设工期要求紧等特点，传统的工程测量方法由于其人工外业劳动强度大、自动化程度低、工期长，已不能适应快速发展的电力勘测需求。

2017 年 2 月 3 日，国网通航公司组织实施张北可再生能源柔性直流电网示范工程航拍项目。国网通航公司建立了技术领先的航拍勘测作业体系和数据处理应用团队，通过无人机等航空器平台集成激光扫描仪、惯性导航仪、数码相机、气象传感器等多种载荷，快速获取输电线路设备及走廊的高精度激光点云、高分辨率影像数据及气象数据，从而完成新建线路的航拍勘测作业，并进而完成线路本体及通道走廊的实景复制，进行危险点自动检测、预警分析、杆塔坐标校核及通道可视化管理。无人机激光扫描勘测技术正式进入国网公司电网建设勘察设计领域。

相较传统方式，无人机激光扫描勘测辅助设计具备多项优势。

（1）无人机激光扫描勘测技术的特点及优势

1）激光增强穿透能力。激光可穿透林区及植被直达地表产生多次回波（见图 3-12），因而可获得植被地区的精细地形、地貌、植被高度，以及各类交叉跨越等信息。激光扫描勘测技术具有数据采集精度高、数据属性丰富等特点，可有效弥补传统测量技术无法直接获取地面高程数据的缺陷，从而提高输电线路工程路径断面精度。

2）可大幅降低外业像控工作量。基于激光扫描勘测技术能够有效控制数据的高程精度，仅需布设少量控制点以保证数据的平面精度即可。以张北可再生能源柔性直流电网示范工程航拍为例，全线以山地为主，植被茂密，采用传统航空摄影测量技术（简称：航测技术）需外业布设至少 60 个像控点，而采用激光扫描勘测技术仅需布设至多 6 个像控点，如图 3-13 所示。

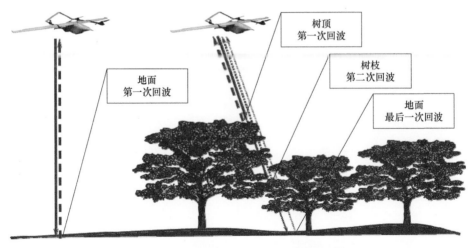

图 3-12　无人机辅助设计激光采集原理示意

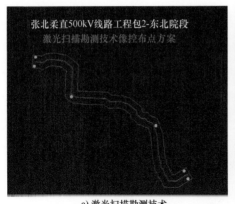 

a) 激光扫描勘测技术　　　　　　　　b) 传统航测技术

图 3-13　基于激光勘测技术和传统航测技术的像控点布设方案

3）可大幅提升 DEM 数据生产效率。由于激光点云滤波算法成熟、自动化程度高，可通过对已采集的激光点云进行自动分类滤波，只需少量人工干预即可快速获取高精度的数字高程模型（DEM），从而大幅提高数据处理工作效率。以张北可再生能源柔性直流电网示范工程航拍为例，基于激光扫描技术的 DEM 生产只需 4 天，而通过传统航测技术至少需要 20 天，生产效率提高了 5 倍以上。

4）可大幅减少外业调绘工作量。通过高精度的 DEM 数据、高分辨率数字正射影像（DOM）数据以及激光点云分类数据，可在室内准确便捷地完成对地形地物的判读、空间信息（面积、距离、角度、坡度等）的量测与获取，外业调绘工作只需重点收集相关地物、交叉跨越物名称等属性信息，而无须进行大量空间量测工作，大幅提高工作效率。

（2）数据成果的优势

1）数据成果类型更丰富。激光扫描传感器设备可同时获得激光点云及高分辨率影像，可生产制作 4D（DEM、DOM、DSM 及 DLG)[⊖]产品，成果类型丰富，分别如图 3-14~图 3-16 所示。

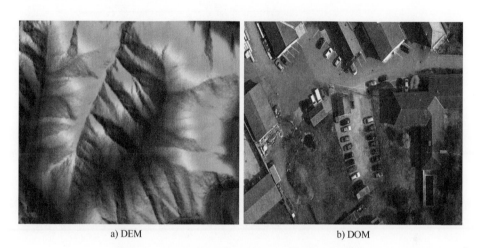

a) DEM　　　　　　　　　　　b) DOM

图 3-14　基于激光扫描勘测技术的 DEM 和 DOM

图 3-15　基于激光扫描勘测技术的 DSM

⊖　数字地表模型（DSM）、数字线划图（DLG）。——编者注

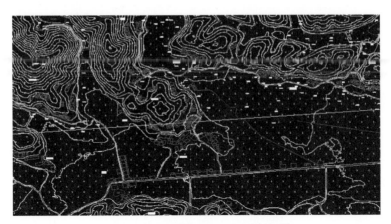

图 3-16　基于激光扫描勘测技术的 DLG

2）地形细节表达更准确。激光扫描勘测采集的数据带有三维坐标，数据精度高，放大后地表物体能被更清晰地辨识，对地物的判断、空间位置的确定更准确、便捷，能更好地避让重要地物，实现正确合理地选择线路路径和杆塔位置。通过基于激光扫描勘测技术的路径图可清晰分辨地物房屋、池塘、树木、稻田及小山等；而通过基于传统航测技术的路径图只可依稀展现地物轮廓，需通过其他辅助手段来判断地物类型，如图 3-17 所示。

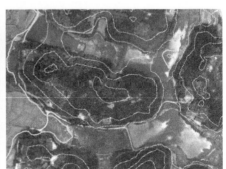

a) 激光扫描勘测　　　　　　　　　　　　　　　　　b) 传统航测

图 3-17　基于激光扫描勘测技术和传统航测技术的路径图对比

3）数据成果精度更高。从平断面精度上来说，激光雷达断面点高程误差可控制在 0.5m 以内，不仅满足线路设计的需要，而且优于传统航测平断面精度，在植被茂密或高差较大地区尤为明显。通过激光点云可直接读取空间三维坐标。相关成果如图 3-18 和图 3-19 所示。

图 3-18　基于激光点云直接读取空间位置信息

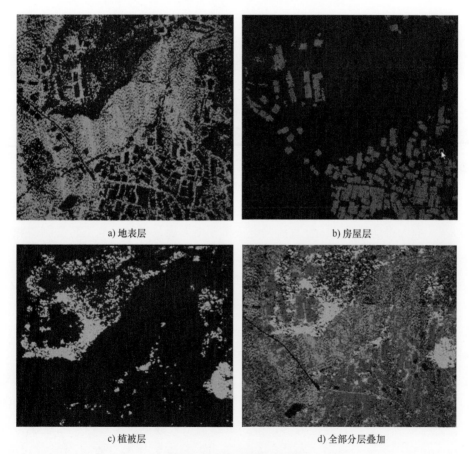

a) 地表层　　　　　　　　　　　　　　b) 房屋层

c) 植被层　　　　　　　　　　　　　　d) 全部分层叠加

图 3-19　激光点云的分层

　　此外，国网通航公司无人机作业机队根据丰富的作业经验持续优化飞行方式，针对目标航带地形复杂的实际情况，同一架次采取不同飞行高度的航拍方式，在保证数据质量的前提下，最大限度提高了航拍影像重叠度和分辨率，数据成果全面优于作业要求。

通过无人机激光扫描勘测技术，张北柔直输电工程效益显著提升。在经济效益方面，有效地缩短线路长度、减少冗余转角数量，合理避让房屋、工厂、采矿区等重要设施，减少线路走廊拆迁费用，合理避让大面积林地，减少了林地砍伐工作量，节省工程造价1%~3%（约320万元）。在社会效益方面，减少房屋拆迁，降低了施工拆迁协调难度，合理避让自然保护区，保护了生态环境，降低施工民事难度，充分体现地方经济与电力建设和谐发展的理念。

3.4.3　加快数字转型，激光扫描勘测换流站点

1. "冬奥绿色电网中枢神经" ——张北柔直换流站

"冬奥绿色电网"张北柔直工程的建设，称得上是一次科技与绿色有关的探索。该工程创造"世界上第一个真正具有网络特性的直流电网""世界上第一个实现风、光和储能多能互补的直流电网""世界上最高电压等级最大容量的柔性直流换流站"等12项世界第一。张北柔直特高压换流站相当于张北柔直工程的"中枢神经"，负责将清洁能源提供的不稳定电流整合加工后稳定地输出到电网。位于张北、康保、丰宁和北京的4座换流站，额定电压±500kV，总换流容量900万kW，有力推动了我国柔性直流输电技术创新发展，提高了电工装备制造业自主创新能力和国际竞争力，支撑了新能源大规模开发利用。

2. 三维数字化推进换流站（变电站）精益化运维

随着三维地理信息系统（GIS）管理系统在电力行业的深入应用，建立变电站、换流站及输电线路的三维模型日益成为研究热点。利用无人机激光扫描勘测技术为变电站与换流站的三维建模提供新一代的解决方案。

变电站与换流站电气线路结构复杂，设计严谨，通过机载激光扫描勘测与地面三维激光扫描勘测相结合的方式可快速获取站内全域各结构、部件精细的点云数据与纹理数据，通过融合，得到真彩色点云数据。真彩色点云数据包含物体的尺寸、结构、材质等信息，使三维点云数据的场景具有更强的真实感，为点云数据的分类提供有效依据，并可提高三维建模的效率和准确性。该方式可以较好地解决传统测量方法的不足，提高工作效率和成果质量。

3. 无人机激光扫描勘测加快张北柔直换流站数字转型

（1）应用整体情况　为加快推进变电领域的数字化转型，强化换流站的三维可视化设计与精益化管理，提高换流站的设计与运维水平，2021 年，国网通航公司联合国网华北分部、国网冀北电力有限公司，利用机载激光扫描勘测系统与地面三维激光扫描勘测系统，共同开展张北柔直环网工程的 4 座换流站的三维激光扫描勘测与建模工作，收获了良好成效。图 3-20 所示为换流站模型示意。

图 3-20　换流站模型示意

（2）激光扫描勘测　换流站无人机激光扫描勘测的目标包括：换流站设备设施、电气连接等基本信息收集；换流站场址范围内的三维激光点云和影像数据的获取；换流站三维模型重建。换流站建模范围为换流站中的主要设备或设施，具体包括：换流阀、换流变压器、平波电抗器、交流开关设备、交流滤波器及交流无功补偿装置、直流开关设备、直流滤波器、控制与保护装置、站外接地极以及远程通信系统等。

数据采集根据方案设计采用分区方式进行。换流站顶部、外部区域主要由无人机激光扫描勘测系统获取，该机载系统同步采集点云数据与影像数据，在换流站区域上空进行扫描航线飞行。根据无人机、设备性能、点密度要求，同时考虑换流站复杂的电磁环境对无人机飞行性能的干扰，在保证飞行安全的前提下，提升无人机飞行高度。

此外，无人机激光扫描勘测换流站时应充分考虑作业区域地形条件、成果数据的精度要求，综合无人机平台与激光设备的整体性能，合理划分测区、布设航线，科学选取最优参数，以达到最佳数据效果。

（3）数据处理

1）数据预处理。扫描勘测得到的原始点云数据，会不可避免地引入数据误差，尤其是尖锐边和边界附近的测量数据中的坏点，可能使该点及其周围的曲面片偏离原曲面。因而，对原始点云数据应进行预处理，去除相关误差项。

2）数据提取及精细分类。根据换流站一次设备及其支撑装置（或设施）进行精细分类，精细分类的过程需要进行大量人工干预，弥补自动分类算法在地物、地表数据判别上不准确的不足。经过精细分类的激光点云数据进入最后的质检阶段。对数据进行遍历，使用不同的显示模式，检查分类成果，保证质量。最终，激光点云分类成果可输出为多种数据格式。

3）模型制作。拼接后的点云数据导入三维重建软件进行三维模型制作（需处理拼接后的点云数据，减少建模干扰因素）；按照计划对模型、纹理进行预处理；将点云数据导入三维重建平台，按照设备主次结构建模，并进行最终效果处理。

3.4.4 全程清洁供能，综合巡检风光储输工程

1. "张北的风点亮北京的灯"——张北风光储输示范工程

2022 年 1 月 28 日，北京冬奥组委会在京发布了《北京冬奥会低碳管理报告（赛前）》（简称：《报告》）。《报告》系统展示北京冬奥会碳管理相关工作情况，重点介绍北京冬奥会碳中和方法学、温室气体排放基准线、实际筹备阶段过程排放量、低碳管理工作措施成效、林业碳汇工程建设、企业赞助核证碳减排量等。经过综合测算，北京 2022 年冬奥会和冬残奥会产生的碳排放量将全部实现中和。这其中，张北风光储输示范工程的建设，为北京 2022 年冬奥会的全部场馆常规能源 100%使用绿电，从源头上减少碳排放提供了重要清洁来源。

张北风光储输示范工程，地处风、光资源富集的国家级千万千瓦风电基地，是世界上规模最大的集风力发电、光伏发电、储能系统和智能输电于一体的新能源示范电站之一，是国家财政部、科技部、国家能源局及国网公司联合推出的"金太阳工程"首个重点项目，同时是国家电网建设坚强智能电网首批重点工程中唯一的电源项目，自投产以来，其首创的风光储联合发电系统运行稳定、效能可靠，实现了新能源大规模友好并网。

张北风光储输示范工程，把张北的风转化为清洁电力，并入冀北电网，再输向北京、延庆、张家口三个赛区。这些电力不仅点亮一座座奥运场馆，也点

亮北京的万家灯火。

2. 无人机巡视助力张北风光储输示范工程投运

（1）应用整体情况　作为国内最大的航空电力作业公司与行业领先的通航运营公司，国网通航公司应用直升机/无人机等航空作业手段开展清洁能源的规模化建设与运维工作。在前期建设阶段，国网通航公司成功中标张北可再生能源柔性直流电网示范工程航拍项目，以数字化手段助力清洁能源建设投运，大大缩短了建设周期，提升了工作效率，获得了设计人员和业主单位的一致认可。

2021 年，国网通航公司与国网冀北电力公司（张北风光储输新能源有限公司）合作，以无人机为作业平台，以航空电力作业能力和数字化技术为关键，以激光扫描勘测与红外测量的方式支撑张北风光储输示范工程核心区域的高质量运行维护，初步实现示范工程的管理模式升级，为"冬奥绿色电网"向能源互联网的数字化转型迈出重要一步。

张北风光储输示范工程无人机巡视作业区域主要包括：示范工程的光伏发电区域、西部 10 级风电机组、部分输电线路及核心控制区。该区域主要分为两块，西侧为带状风电机组与输电线路，线路总长度约 11.4km，地势平缓；东侧为面状光伏发电与核心控制区，面积约 4.8km^2，基本无地势起伏，但周边风电机组与输电线路杆塔密集分布，且高度较高，存在一定的作业风险。张北风光储输示范工程飞行区域明细见表 3-1，飞行走向示意如图 3-21 所示。

表 3-1　张北风光储输示范工程飞行区域明细

序号	区域名称	区域类型	长度/面积	分布
1	风电机组及输电线路	带状	11.4km	西侧
2	光伏发电及核心控制区	面状	4.8km^2	东侧

（2）工作相关内容　根据国网冀北电力公司关于张北风光储输示范工程的发展需求，本次无人机巡视主要包括激光扫描勘测与红外测量两项内容，用于示范工程的运行维护、模型构建以及后期的扩展规划。

1）激光扫描勘测。利用 GW-25V 垂直起降大中型固定翼无人机搭载高精度三维激光扫描勘测系统进行航飞，获取目标区域高精度、高密度激光点云数据，建立示范工程关键区域的三维地理信息模型。

2）红外测量。张北风光储输示范工程位于张北地区，因北方雾霾、风沙等

图 3-21　飞行走向示意

原因，在输电线路本体绝缘子表面易形成污秽，造成污闪、跳闸，影响电网安全运行。利用多旋翼无人机搭载红外可见光双光吊舱进行航飞，可高效、及时发现放电隐患，形成隐患记录单，精准掌握设备运行状态，提升巡检水平。相关巡检成果示例如图 3-22 所示。

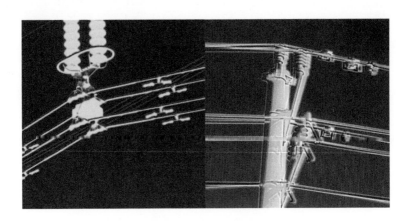

图 3-22　多旋翼无人机双光吊舱巡检成果示例

3.5　重大活动保电获得充分肯定

本次保电任务为国网通航公司承担国网公司重大活动保电工作以来，时间跨度最大、保障规模最大、首次与春节及全国两会重叠的保电任务。保电任务的圆满完成充分发挥了航空电力作业和航空应急作用，彰显了国网通航公司的实力与担当。

2022 年 1 月 29 日，CCTV-4《中国新闻》等栏目报道了国网通航公司无人机、直升机参与电网巡查抢修、确保冬奥用电安全新闻（见图 3-23）。赛事期间，国网通航公司先后累计在中央电视台、人民日报客户端、新华社等主流媒体平台发布报道 12 篇，获得社会公众广泛关注。

图 3-23　CCTV-4《中国新闻》报道国网通航公司保电成果

　　为北京冬奥会保电责任重大、使命光荣，国网通航公司在长期的艰苦作业中完善了机制、磨合了队伍、锤炼了作风、提升了水平，为日后重大活动保电进一步发挥积极作用、彰显航空应急技术突出优势夯实了基础。下一步，国网通航公司将继续强化航空应急技术在国网新一代应急指挥系统中的融合，为坚强电网贡献航空应急力量。

第 **4** 章
重大活动期间低空安保延庆力量

对以冬奥会为例的重大活动的低空安保，是一个确保活动期间绝对安全的系统工程，需要在党委政府的统一组织领导下，以公安机关为主力军，动员各方力量，横向协调各种公共力量，比如：军队、武警、安保、机场、铁路、高速公路、通信、无线电委员会等公共部门，以及社会各界志愿者，依托社会治安综合治理的体制机制优势，发扬社会力量参与的优良传统，多方协同联动，共同参与，有效弥补警察、军队等专业力量在维护低空安保方面的相对力量不足。

延庆区利用中关村延庆园已建设好的无人机飞行服务平台，有效监管延庆区无人机合作目标状态，为实现冬奥会期间低空安保"大事不出、小事少出、万无一失"的目标奠定了坚实的基础；延庆区入园企业也在冬奥会期间积极投入低空安保工作中，实现"立体安防"效果。

4.1 "链飞云算"：基于区块链技术的无人机飞行服务平台

区块链技术是一种新兴的信息技术，其本质是一个共享数据库，具有去中心化、网络健壮、灵活性高、安全可信等特点。基于这些特征，区块链技术奠定了信息共享基础，创造了可靠的协同机制，在监管领域具有广阔的运用前景。延庆区基于区块链技术建设了无人机飞行服务平台——链飞云算，该平台建立了跨层级、跨部门的监管机制，有助于降低监管成本，打通不同行业、监管机构间的信息壁垒；应用联盟链监管技术，围绕无人机"人、机、环"三大关键，即利益相关者（人）管理、系统设备（机）管理和运行（环）管理三个方面，实现全生命周期嵌入式监管；实现监管规则的数字化、自动化、智能化；利用智能合约完成实时监管和数据共享，提升无人机安全监管水平，从"事后监管"转向"按需"监管、"即时"监管、高效服务，推动无人机服务监管体系不断发展完善。

4.1.1　区块链网络

区块链网络主要由通道、智能合约、节点和分布式账本组成。

（1）通道　通道由排序节点划分和管理的私有原子广播通道，目的是对通道内的信息进行隔离，使得通道外的实体无法访问通道内的信息，从而实现交易的隐私性。商业应用的一个重要需求是私密性交易，为此，区块链网络设计了通道来提供成员之间的隐私保护。通道是部分网络成员之间拥有的独立的通信渠道，在通道中发送的交易只有属于通道的成员才可见，因此，通道可以看作是区块链网络中部分成员的私有通信"子网"。

（2）智能合约　智能合约是部署在区块链网络节点上，可被调用与分布式账本进行交互的一段程序代码，也即狭义范畴上的"智能合约"。链码分为系统链码和用户链码。系统链码用来实现系统层面的功能，包括系统的配置，用户链码的部署、升级，用户交易的签名和验证策略等；用户链码用于实现用户的应用功能，开发者编写链码应用程序，并将其部署在网络上，终端用户通过与网络节点交互的客户端应用程序调用链码。链码在记账节点上的隔离沙盒中执行，并通过固定协议来被相应的记账节点调用和查询。

（3）节点　区块链的节点，通常指的是区块链网络中的计算机。一般来说区块链节点有三个特征：

1）具有存储空间，可以将区块数据存储在移动硬盘和计算机等设备中。

2）连接网络，所有的存储设备必须连接网络。

3）参与区块链，需要在存储空间上运行区块链相应程序，通过可视化终端进行交易。

（4）分布式账本　区块链网络里的数据以分布式账本的形式存储。账本由一系列有顺序和防篡改的记录组成，记录包含数据的全部状态改变。账本中的数据项以键值对的形式存放，账本中所有的键值对构成了账本的状态，也称为"世界状态"。每个通道中有唯一的账本，由通道中所有成员共同维护着这个账本，每个确认节点上都保存了它所属通道的账本的一个副本，因而是分布式账本。对账本的访问需要通过智能合约实现对账本键值对的增加、删除、更新和查询等操作。账本由区块链和状态数据库两部分组成。

4.1.2　数据接口

（1）区块链 SDK　区块链系统内部，通过 SDK（包含账户地址和公私钥生成、签名验签、提交交易、部署和调用智能合约、查询块和链信息等服务接口）的方式实现对链上数据的读写访问。

（2）外部系统与区块链系统对接　链上数据实现定向数据开放。定向，即满足审核前置条件，在特定时间窗口内可对数据进行调取查阅，或上传其他数据的特殊权益。

4.1.3　飞手管理模块

飞手管理模块的许多数据是上链管理的，要访问链上数据必须进行授权，成员管理子系统负责整个管理平台的授权管理，该子系统结构如图 4-1 所示。

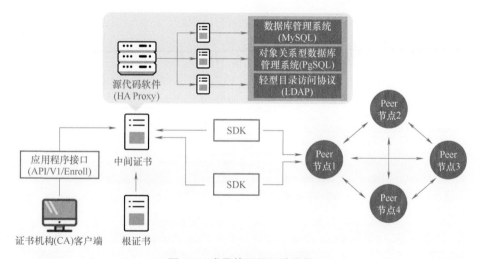

图 4-1　成员管理子系统结构

平台对于信息环节的外部安全性（审核/签发/申请权限）是通过该子系统实现的。只有拥有电子证书的设备才能对系统进行操作。

该子系统是链上服务提供者，系统运营时，只有一个全局成员管理，而每个节点终端和特定指令拥有者都维护着局部成员管理系统。每个成员管理系统可以颁发自己的根证书，获得证书机构许可可以继续向下颁发证书。证书机构实时更新证书吊销清单来完成身份合法性检验，且所有数据无法进行任何人为更改。

4.1.4 区块链底层服务模块

整个系统的简略部署如图 4-2 所示。

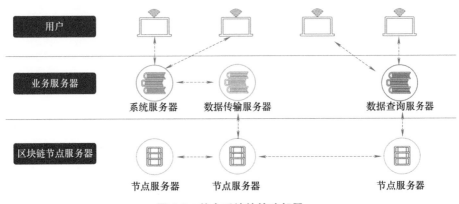

图 4-2 整个系统的简略部署

用户通过飞行服务管理子系统的界面提出数据访问请求，数据进入业务层的服务器后，业务层服务器首先通过成员管理子系统获得授权，然后访问区块链上的数据。

整个业务流程逻辑如图 4-3 所示。

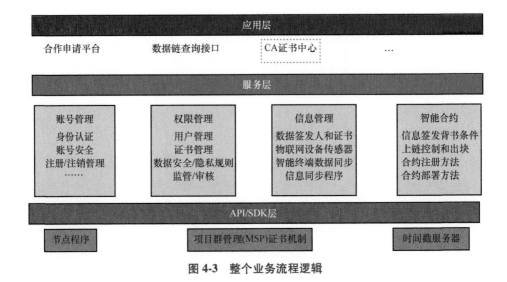

图 4-3 整个业务流程逻辑

对于区块链上的数据，主要分为三大类，即人（无人机的生产者、持有者、销售者和操作者）、机（无人机）、环（无人机运行）。

（1）数据链上人的管理（见图4-4）　人的管理环节必须进行审核上链，这是为了保证源头上上链的数据都是真实有效的，无人机运行管理时，多个项目都是通过智能合约来审核的，其前提就是必须保证人的数据的准确性。

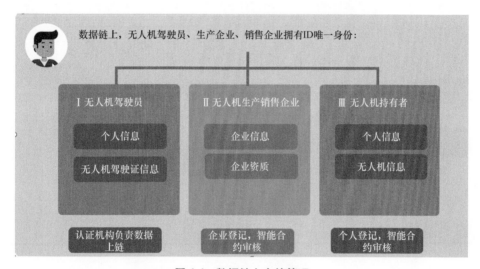

图 4-4　数据链上人的管理

人主要指无人机驾驶员、无人机生产销售企业、无人机持有者等。

1）无人机驾驶员需要提供个人信息、合法的无人机驾驶证信息，无人机驾驶证信息由资格证认证机构上链管理。

2）无人机生产销售企业将企业信息、企业资质等信息提交到系统后，系统后台管理员进行审核，然后上链管理。

3）无人机持有者将个人信息、无人机信息提交到系统后，系统后台管理人员负责审核上链。

（2）数据链上机的管理　机主要是指无人机设备，无人机在流转过程中主要涉及生产企业、销售企业、最终用户这几个环节，将这些环节的关键数据上链，可以构建起一条完整的区块链数据链。如果某个设备出现问题，可以通过该链条溯源到与该无人机相关的企业或个人，从而更好地进行监管，保证低空安全。

无人机设备的上链，源头是无人机生产企业。无人机生产企业生产时，按照一定的规则，生成无人机的唯一编码，作为该无人机的身份标识，这个标识将伴随无人机的整个产品生命周期。无人机生产企业将该信息上链后，销售企业进行销售数据上链时也需要将这个身份标识打包到链上。

（3）数据链上环的管理（见图4-5）　环主要指的是无人机的运行。对环的管理主要通过区块链的智能合约技术进行。将智能合约以数字化的形式写入区块链中，由区块链技术的特性保障存储、读取、执行整个过程透明可追踪、不可篡改。同时，由区块链自带的共识算法构建出一套状态机系统，使得智能合约能够高效地运行。

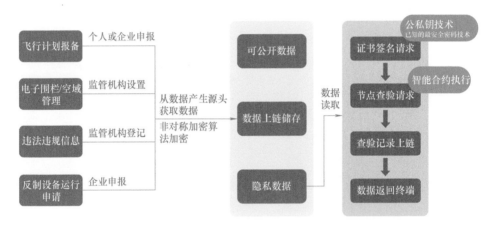

图4-5　数据链上环的管理

1）飞行计划报备。申请飞行计划时，需要申请者提供飞行时间、飞行区域、飞行主体、飞行机型及数量、无人机驾驶证等信息，获取到这些信息后，后台节点通过智能合约的方式，结合区块链上的数据自动审核，完成飞行计划报备。

2）电子围栏/空域管理。电子围栏/空域的划定、激活及关闭是由系统后台管理员操作的，管理员操作客户端调用区块链API，自动将关键数据上链，保证每次操作都有据可查。

3）违法违规信息。当出现无证黑飞等违法违规信息时，将这些信息上链，可以有效防止人为篡改。当通过智能合约审核飞行计划申请时，会自动触发智能合约，在违法处罚期内的违法违规主体将不能通过审核。

4）外部系统对接。兼顾外部合作，开放与安全并重，推动多机构合作。以定向八达岭机场为例，可共享数据定向到指定机构，并划定数据共享范围。接入区块链的机构可拥有相应数据权限，从而丰富飞行服务区块链应用场景。外部系统对接的数据流如图 4-6 所示。

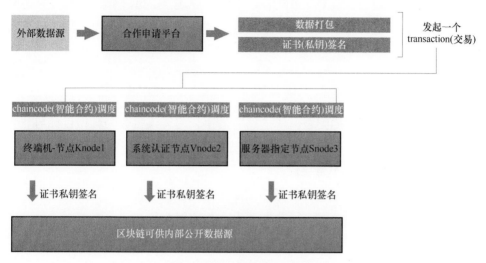

图 4-6　外部系统对接的数据流

4.2　"云网端"解决监管取证难题

　　针对无人机运行中出现的监管难和取证难的问题，无人机飞行服务管理平台研发单位——北京立防科技有限公司引入了"云网端"解决方案，如图 4-7 所示。

图 4-7　云网端解决方案

在该解决方案中，"端"指的是前端目标，包括合作目标无人机、非合作目标无人机、微指挥系统 App、前端监管应用 App、便携式侦测反制设备、车载式侦测反制设备和固定式侦测反制设备；"网"指的是 4G/5G 网络；"云"指的是后端管理指挥中心，它部署了飞行服务系统、微指挥 App 后端和应用 App 后端等多个子系统。

4.2.1 从"端"着手，破解监管难题

针对无人机监管难的问题，从"端"着手，将无人机分为合作目标与非合作目标，对应这两类目标，采取不同的监管手段。

1. 对于合作目标的监管手段

（1）无人机主动上报飞行数据　制定统一的数据上传协议，当无人机在飞行时，按照该协议规范，将飞行数据（无人机实时坐标、飞行高度、飞行速度等）上传至云端飞行服务系统。

（2）安装第三方的监控模块，通过 4G/5G 网络上传无人机的实时飞行数据　对于不具备主动上报飞行数据能力的无人机，可以挂载第三方的飞行监控模块。该模块具备网络通信能力和数据上传能力，启动后，自动连接到云端飞行服务系统，将当前的飞行数据上传到云端。

2. 对于非合作目标的监管手段

（1）通过便携式无人机探测设备联动微指挥系统，实时上报无人机数据　在特定区域划设电子围栏，监控该区域的无人机进入情况。当便携式无人机探测设备发现无人机后，联动现场微指挥系统 App，该 App 将探测到的无人机信息上传到云端。

（2）通过车载式和固定式侦测反制设备上报无人机数据　车载式和固定式侦测反制设备具备联网功能，当探测到无人机进入电子围栏后，可以自动将探测到的无人机信息上传至云端。

4.2.2 从"云"着手，破解监管难题

针对无人机监管难的问题，还可以从"云"着手，在云端建设统一的无人机飞行服务管理平台（见图 4-8），该平台主要具备以下三种功能。

（1）飞行服务功能　对于合作目标，提供飞行服务功能。合作目标飞手可以通过前端应用 App 申请飞行计划，审核人员审核通过后，飞手可以合法飞行。

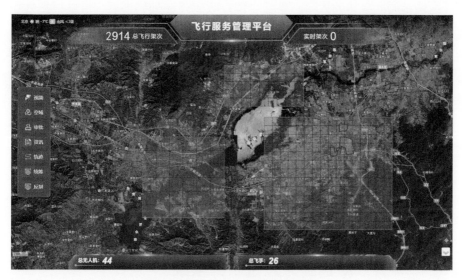

图 4-8　无人机飞行服务管理平台

同时，云端还具备向前端应用 App 推送实时航空气象信息、禁飞限飞区域信息、法律法规信息等功能。

（2）监管功能　云端在指挥大厅中，通过大屏显示的方式，实时监控当前空域的飞行情况。对于合作目标，可以查看当前在飞无人机的实时飞行数据以及航拍的视频数据；对于非合作目标，当其闯入划定的电子围栏后，可以引发报警，联动后续的应急处理功能。

（3）指挥调度功能　云端通过大屏实时监控本区域飞行情况，当出现紧急情况，例如合作目标无人机失控或非合作目标无人机闯入时，可以采用应急预案或紧急反制等手段，指挥前端微指挥系统应急处置。

4.2.3　引入新技术，破解取证难题

针对无人机取证难的问题，结合"云网端"的解决方案，引入区块链技术，在云端部署联盟链。通过区块链技术解决了电子取证的可信问题后，建设完备的系统执法模块，针对无人机黑飞等违法问题，生成可打印的电子文档，作为执法机构的执法索引。系统执法模块主要具备以下功能。

（1）建设区块链的社会入口　区块链在建立时，选用联盟链技术，引入了第三方监督机构，达到多方共治的效果。区块链建成后，通过权威机构向社会

公开区块链的社会访问入口。当社会群众收到违法处罚书后，可以根据处罚书上的授权密钥登录到区块链网络，查看自己的违法行为的链上信息。

（2）构建由区块链事件身份标识号（ID）组成的证据链条　执法模块在生成执法依据时，须组成完整的证据链条，即违法行为的实施人、违法行为、违法地点、违法时间都能在区块链上有源可查。具体到技术层面，可以在区块链上建立多个通道（人、机、环分别建立通道），出现违法行为后，分别在各个通道上调取唯一 ID，通过这些 ID 组成一条完整的证据链条。

（3）生成电子执法索引　执法模块具备生成电子执法索引的功能，该索引包含了对违法行为的描述，适用的法律法规以及区块链取证的证据链条。同时，根据违法行为的严重程度形成对应的处罚建议。

4.3 "驭剑"固定式无人机防御系统

"驭剑"固定式无人机防御系统采用频谱检测方式，对无人机发出的无线电信号，包括数传信号、图传信号等，进行被动探测。该方式主要依靠多站点频谱协同感知技术实现。协同频谱感知主要用于认知无线电系统中，可以提升主用户检测准确性，从本质上讲，与无人机信号的存在性检测的目标基本一致。因此，将协同频谱感知引入无人机入侵检测，同样可大大提升检测准确性。然而无人机信号的存在性检测也存在典型的自生特点，比如无人机的机动性强、无人机通信多采用跳频通信体制、无人机通信可能具有一定的方向特性等。考虑到以上特点需要时、空、频三维信息进行描述，本系统采用多站点（空间）频谱瀑布（时频）联合检测的方法，研究无人机入侵检测的具体算法，实现高灵敏度、高准确性的无人机入侵检测。

（1）协同频谱感知技术原理　通过多站点探测无线电信号，利用多站点协同处理的过程，将探测到的频谱数据进行融合，进而将数据生成频谱瀑布并以此来对无线电信号进行感知。

（2）压缩频谱感知　由于无人机入侵检测算法需要已知各个站点的频谱瀑布信息，考虑到无人机信号频段范围较大，直接感知所得到的频谱数据量庞大，在网络传输速率受限的情况下，无法直接使用该信息。因此，本项目就采用压缩频谱感知的方法获取频谱信息，通过改变不同的压缩观察矩阵，实现不同的频谱样值数的输出，从而可适应不同的网络传输速率环境。

压缩频谱感知主要是指基于压缩感知理论的频谱感知技术，即利用信号的稀疏性，通过寻找到一个合适的基矩阵，边采样边压缩，以低于奈奎斯特采样率的速率获得精确或是近似精确的信号。

4.3.1　无人机识别原理

已有的基于先验信息的信号检测识别技术只能对部分信号样式完全已知的无人机进行检测识别。然而市场上的无人机种类繁多，既有采用 802.11、LTE、5G 等已知通信协议标准搭建通信链路的无人机，也存在很多非典型且信号完全未知的无人机，基于先验信息的技术手段无法对通信协议未知的无人机信号进行检测识别。针对这一不足，本系统采用基于多通道信号接收的特征提取与信号识别技术，弥补基于先验信息的信号检测识别技术的不足。

4.3.2　无人机定位原理

到达时差定位算法（Time Difference of Arrival，TDOA）技术，根据信号到达已知位置的多个接受站所形成的等时差双曲线交点，来实现发射信号源定位。基于 TDOA 技术的探测定位原理如图 4-9 所示。

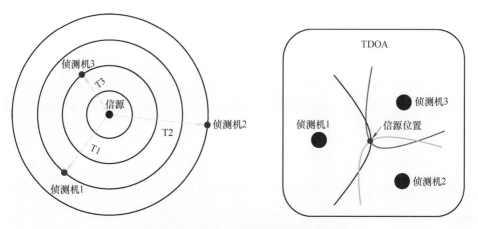

图 4-9　基于 TDOA 技术的探测定位原理

通过测量信号到达监测站的时间，可以确定信号源的距离。再利用信号源到各个监测站的距离（以监测站为中心，距离为半径作圆），就能确定信号的位置。但是实际操作中绝对时间一般比较难测量，而通过比较信号到达各个监测站的绝对时间差，就能做出以监测站为焦点，距离差为长轴的双曲线，双曲线的交点就是信号的位置。在无人机管控系统中，通过信号识别系统分离出无人机发出的无线电信号，利用 TDOA 无线电信号定位系统对识别出来的信号进行定位。TDOA 网格化无人机管控平台如图 4-10 所示。

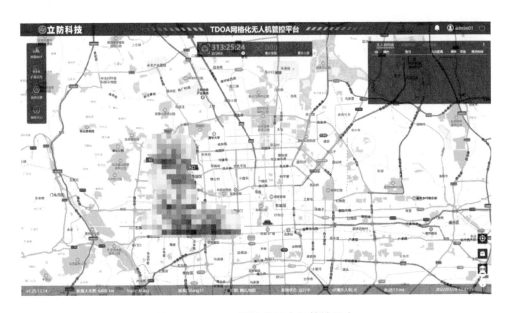

图 4-10   TDOA 网格化无人机管控平台

4.3.3   无人机追踪原理

TDOA 定位是基于当前周期的接收信号时差进行位置计算的方法，该定位结果未考虑信号本身的特性，以及历史定位记录和环境特性等信息，因此易受噪声和干扰的影响导致定位偏差。本项目研究基于多维信息融合的位置估计和轨迹预测技术，此技术基于分布式无源探测网络获取功率、时差、幅频特性等特征，构造联合维度代价函数，实现多维信息融合的高精度定位。同时，针对无人机运动速度受限的问题，引入卡尔曼滤波和机器学习技术，研究无人机瞬时速度估计方法，提升无人机轨迹预测能力。

在实际多目标定位过程中，有多台无人机共存时，无人机可能存在时域、频域、空域上的重叠，造成信号分离困难。此外，当存在多个目标时，定位目标的位置点变得更加混乱，提取各自目标的清晰轨迹变得非常困难。针对上述问题，首先基于对无人机信号在各维度上的投影分析，研究相关分离算法，保证多目标定位精度。然后基于无人机状态变化受到各种约束的前提（比如位置、频谱特征、接收功率等状态在有限时间内不可能突变），构建无人机"状态惯性模型"，提升目标点和已有轨迹拟合的准确性，从而提升轨迹估计效果。

1. 基于多通道信号接收的特征提取技术

基于多通道信号接收的特征提取技术需要对多通信接收信号进行合并。本方案采取两种信号合并方式，分别提取不同的信号特征。第一种是直接对多通道接收信号进行最大比合并，之后提取合并信号的瞬时特征、高阶累积量特征；第二种是直接计算所有接收通道中每两个接收通道之间的幅度统计特征、相位特征、互相关系数，为后续的信号识别技术提供更多依据。

2. 基于深度度量学习的信号识别技术

基于多通道信号接收的特征提取技术提取的信号特征具有不同的信号判别能力，直接利用其所提取的信号特征，通过机器学习等分类方法进行信号分类无法取得好的分类效果。利用深度度量学习技术，设计匹配的损失函数，学习原始特征到度量特征的映射，在该映射下，度量特征间的欧氏距离便可以反映信号间的相似程度，之后根据待识别信号特征与各类别训练信号的特征均值的欧氏距离，确定信号的类型，如图 4-11 所示。

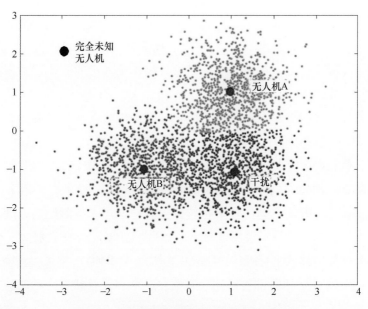

图 4-11　基于深度度量学习的信号识别技术

3. 基于目标无人机时空关系进行信号分离

当多台无人机共存，尤其是在站点附近存在多个同频干扰源时，不同信源的信号在时域、频域、空域上都有可能存在较大概率的重叠，造成单台站点无法将不同信号完全分离。由于 TDOA 采用网格化部署，各站点环境具有一定的空域和电磁环境差异性，若利用多站点协同处理算法，充分提取各信源在时间、频域、空域的差异性，便有可能实现无人机信号与干扰，以及不同无人机信号之间的信号分离，从而提升 TDOA 定位精度。

4. 构建无人机状态惯性模型提升轨迹绘制准确性

当无人机身份标签无法通过信息解调和信号特征识别的方式进行区分，加上定位可能出现的误差，新出现的定位点与历史轨迹的对应关系是难以确定的。为实现新定位点和轨迹的匹配，需要构建无人机状态惯性模型，如图 4-12 所示。其中无人机空间位置、频谱特征、接收电平等参数为模拟动量，通过寻求"外力"最小的匹配组合，明确无人机身份信息，改进轨迹估计效果。

4.3.4   防御系统工作流程

"驭剑"固定式无人机防御系统能实现对无人机的预警防范，基于无线电侦测感知技术、无线电干扰技术，对安全区域实施保护。该防御系统由无线电侦测系统和无线电干扰系统组成，既具备无线电侦测全天候、远距离、早期预警探测的特点，也具备对入侵无人机进行干扰反制的特点。通过两者联动配合，能最大限度监控飞行物，创造安全的空域环境。无人机的遥测遥控系统组成如图 4-13 所示（以大疆为例）。

当前，许多飞行控制（简称：飞控）和图像传输（简称：图传）信号均工作在 2.4GHz，且在 2400～2483MHz 呈动态变化，飞控信号占用带宽 2MHz，持续时间短，频点在各个信道间切换；图传信号占用 10MHz，一段时间内电平值和频段较稳定。例如"精灵 4"无人机使用 Lightbridge 技术，区别于传统 WiFi 信号传输，使用高效的单向广播数据传输方式，增加了控制距离，理想情况可达 2km；上行链路飞控信号采用跳频（FHSS）+ 扩频（DSSS）技术，传输稳定性高，抗干扰能力强；下行图传链路采用多天线（MIMO）技术和正交分频复用（OFDM）调制方式；下行图传链路实时监测各信道干扰状态，动态选择最优信道工作（见图 4-14）。

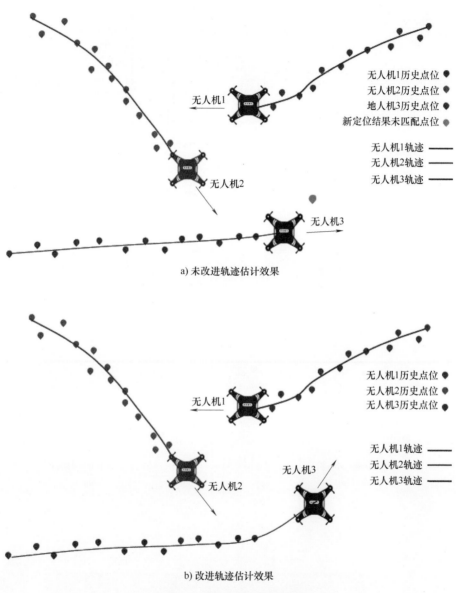

a) 未改进轨迹估计效果

b) 改进轨迹估计效果

图 4-12　无人机状态惯性模型

通过遥测遥控与图传信号,可以在时域与频域对信号进行有效识别(见图 4-15)。

通过对上述无人机的特点分析可知,作为无人机"神经系统"的无线电遥测遥控设备在起飞后处于持续工作状态并不断向外辐射着无线电信号,以此作

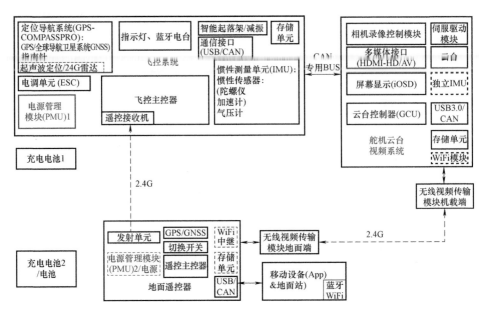

图 4-13　无人机遥测遥控系统组成

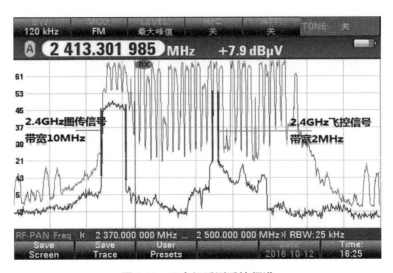

图 4-14　无人机遥测遥控频谱

为侦测处置的切入点，系统采用无线电信号侦测手段截获目标无人机的遥控信号，通过综合分析处理，发现并识别目标，确定目标辐射源方位，有效提升无人机侦测概率。

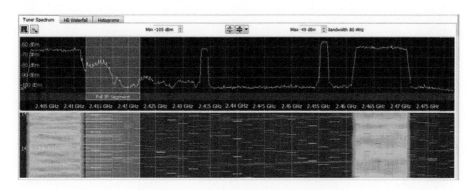

图 4-15　无人机遥测遥控频谱信号识别

无线电侦测系统基本工作原理如图 4-16 所示，无人机飞行过程中需要接收遥控器的遥控信号，同时，遥控操作手接收无人机下行的图传信号，所有这些无线通信链路均会占用频谱资源，无线电侦测设备通过信号检测技术，就能够从中提取出所关心的信号特征，并利用频谱特征识别技术与已建立的频谱特征库相比对，进而得到无人机机型信息。

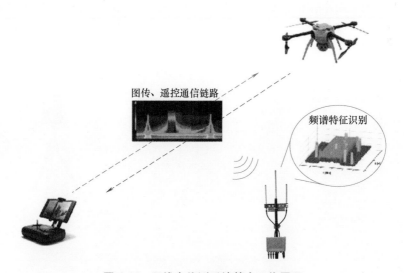

图 4-16　无线电侦测系统基本工作原理

监控终端部署在指挥中心，根据定位到的无人机位置、用频信息、视频信息，监管终端将管控调度信息推送给部署在防区内的管制设备与管制人员实施处置。

4.3.5 硬件系统

硬件系统如图4-17所示。

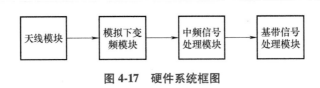

图 4-17 硬件系统框图

首先进行宽带接收传感器设备的硬件设计，目标是设计出频段范围宽，接收灵敏度高，能够对抗恶劣环境，便于架设和机动的无线传感器节点。图4-17给出了核心的硬件系统框图，包含天线模块、模拟下变频模块、中频信号处理模块、基带信号处理模块。

1. 天线模块

传感器搭配两种类型的天线，分别是宽带全向天线和对数周期天线阵列。当前项目组已经完成了宽带全向天线的开发，该天线有着监测频率范围宽、增益高、圆度优、体积小、重量轻和性能稳定等特点。宽带全向天线外观如图4-18所示。

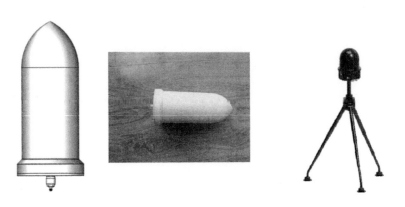

图 4-18 宽带全向天线外观

2. 整机设计

监测接收机集成了GPS/北斗双模模块，数字信号解调（DSP）模块等模块。整个产品外壳采用镁铝合金，轻盈便于携带。

监测接收机实物如图4-19所示。

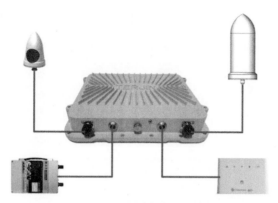

图 4-19　监测接收机实物

监测接收机架设效果如图 4-20 所示。

图 4-20　监测接收机架设效果

4.4　"驭剑"车载式无人机防御系统

"驭剑"车载式无人机防御系统是专为城市环境定制的无人机预警与反制防御系统，根据低空防御的需求采用车载式防御部署和设计，结合配备一定数量的便携式无人机反制设备，可保障重点区域安全，杜绝城市要地或重大活动期间上空无序飞行行为的发生。也可以在车辆行进过程中防御无人机拍摄、黑飞或其他违法行为，做好车队随行保障，杜绝行进途中低空空域的安全隐患。

该系统可作为快捷的移动式防御系统应用，主要应用是在执行关键任务、举行会议或活动时驻扎在要地附近，以及在重大会议、赛事、重要出行活动中作随行保障应用。同时，该系统采用模块化设计，能够实现快速拆装，可作为固定式无人机防御系统使用。

4.4.1　基于 CRPC 技术的新型防御手段

认知无线电协议破解（Cognitive Radio Protocol Cracking，CRPC）技术，是第四代无人机防御技术。基于该技术可实现对无人机通信信号的逆向分析和破解，精确解调破解无人机通信频段、信道信息和电子 ID，并利用获取的信息对"黑飞"无人机进行探测识别和防御打击。

通过深入开展 CRPC 技术，可将其应用于对无人机的侦测、识别、定位和防御。由于该技术特点，未来能够实现具备全自动实时无源、无死角、零干扰侦测、超前预警、精准识别、区分敌我、测距侧向和轨迹追踪等诸多探测功能于一体的无人机侦测系统；同时，综合使用窄带小功率实施精准打击，配合宽频大功率干扰可有效防御无人机。针对部分机型，通过技术深度研究与应用挖掘，能够实现微小型无人机通信链路完全破解和接管，较大程度上解决城市复杂环境下的民用无人机低空安防保障难题。

4.4.2　无人机无源探测

现阶段遥控无人机的飞行一般由位于地面的飞手通过遥控设备（手持遥控器，手机或者地面控制站）发射无线信号进行控制。这种从遥控器发射，无人机接收的信号，一般称为数字传输（简称：数传）信号。同时，为了能够获取无人机的飞行状况，无人机也会通过无线信号向遥控设备发射自身的状态信息，包括图像、位置、高度和电池电量等。这种由无人机发射，遥控器接收的信号，一般称为图传信号。一般无人机都会涉及数传和图传信号。基于 CRPC 技术，可通过检测无人机数传和图传信号实现对无人机的无源探测，即不发射任何无线电信号，而通过检测无人机及其遥控器所发射的无线信号实现对无人机的检测和预警。根据其技术特点评估，基于该技术的无人机有效距探测离可以达到数百米甚至数千米。此外，该技术不受无人机尺寸、材质影响，不受建筑物遮挡限制，没有电磁污染，可以用于长期无人值守的无人机探测防御任务中。

4.4.3　无人机精准识别

无人机的数传和图传信号是通过天线广播的方式向外发射，即其信号发出后，位于地面的检测设备也可以接收到此无线电信号。通过 CRPC 技术，可通过广泛接收无人机信号，将市面常见无人机的通信协议进行破解，从而形成型号完备的无人机数据库。同时，基于 CRPC 技术的窄带提取，可以实现对任意带宽、任意采样率的信号进行精确分离，将采样信号包含的不同频点、不同带宽、不同协议进行识别。通过逆向工程获取其对应的通信协议，从而获取无人机与遥控器的通信识别码（如 CDMA 的扩频码）等信息来识别判断无人机厂家、品牌、型号等特征，进而精准区分同一厂家、同一品牌、同一型号的不同无人机，如图 4-21 所示。

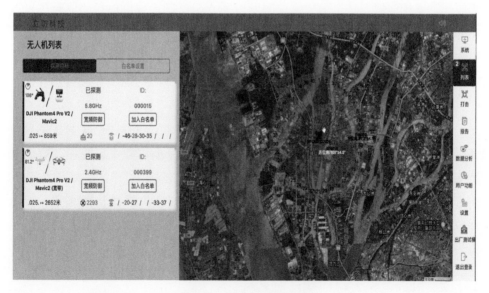

图 4-21　无人机精准识别

4.4.4　无人机测向定向

根据无线电原理，可基于多幅定向天线组成圆天线阵列以全方位接收无人机信号。通过高速切换天线的控制部分，使每副天线轮流接收无人机信号。首先，通过比较多幅天线接收的无人机信号功率确定出接收功率最大的天线。然后，比较与接收功率最大的天线相邻的两副天线的接收功率，确定出与接收功率最大的天线相邻的接收功率较大的天线。计算出此两幅天线接收信号增益，得出增益差。再根据天线接收增益差值与角度的对应列表，确定出无人机相对于此两幅天线的具体角度。最后，结合自动指北模块算法，给出无人机的精准方位。

4.4.5　无人机精准干扰

基于该技术可精确获取无人机目标的频段、功率及频点信息，准确判断无人机与遥控器通信同步点，通过发射与遥控器相似的信号，精准切断无人机与遥控器之间的通信链路。为此，干扰设备只需通过内置算法控制射频功放内置源，针对无人机频段特征，控制射频板自主发生的无线电信号，开启对应的功率放大器，从功放内置源以"点对点"的形式针对性地发出与已知无人机对应频段、功率相似的无线电信号，控制发射无人机反制无线电信号的信号源以及功率放大器，从而有效精准控制无人机反制无线电信号的频段和功率，实现对不同频段的无人机的精准打击。

4.4.6　无人机链路接管

在设备接收到无人机信号之后，基于CRPC技术，可通过一定算法精确解调破解出无人机信号，包括频率、下变频、模数变换、滤波、解扩、解调和解码等，然后再进行协议破解，包括链路层、网络层和应用层，解压缩和解密等。解调出无人机的信息后，准确判断无人机与遥控器通信同步点，发射与遥控器相似的信号，精准切断无人机与遥控器之间的通信链路，对无人机进行接管。

4.4.7　车载式无人机侦测反制系统

车载式无人机侦测反制系统主要由硬件系统和软件系统两部分组成，如图4-22所示。

车载式无人机侦测反制设备外形如图4-23所示。

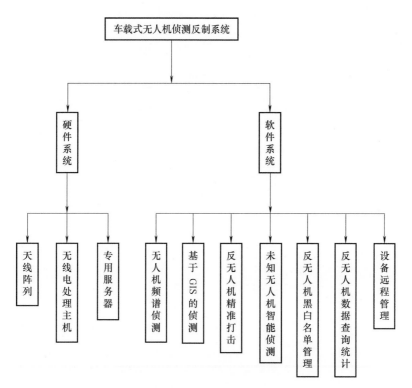

图 4-22　车载式无人机侦测反制系统

图 4-23　车载式无人机侦测反制设备外形

4.4.8　硬件系统

硬件系统主要配置为 1 台无线信息处理主机、1 套天线阵列（包括侦测天线、打击天线、GPS 天线)、1 个无线测向天线和 1 台数据处理服务器，系统组成如图 4-24 所示。

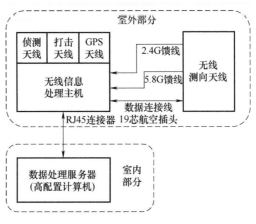

图 4-24　硬件系统组成

4.4.9　软件系统

软件系统主要包括无人机频谱侦测、基于 GIS 的侦测、反无人机精准打击、未知无人机智能侦测、反无人机黑白名单管理、反无人机数据查询统计、设备远程管理等模块。

第**5**章
延庆民用无人驾驶航空试验区的可持续发展

5.1 打造低空安全峰会品牌

为建设好民用无人驾驶航空试验区,进一步推动产业落地的集聚效应,搭建互动交流平台,激活产业科技创新,延庆区政府联合北京安全防范行业协会与中国人民公安大学中国低空安全研究中心,于2021年共同策划了首届低空安全峰会。北京安全防范行业协会作为峰会主要承办方,牵头组建组委会,汇集了低空产业相关政府管理机构、应用部门、研究机构和生产企业等,充分发挥各方优势,从7月份开始策划到9月初正式启动。在峰会举办期间短短的20余天中,项目组委会多方协调沟通,统筹运营,推动峰会各项活动成功举办。

2021首届低空安全峰会的成功举办,树立了"人民安防(八达岭)低空安全峰会"品牌,在促进低空安全发展研究,规范行业发展,推动产业落地和升级,探讨建设智能化的低空新型基础设施等方面取得了丰硕成果。

为持续打造峰会品牌影响力,进一步提升峰会规模,北京安全防范行业协会扩大资源对接和交流合作,充分发挥资源优势及行业影响力,将2022人民安防(八达岭)低空安全峰会成功纳入中关村论坛的系列论坛,举办2022中关村论坛低空安全分论坛,并通过策划丰富内容,升级为2022人民安防(八达岭)低空安全科技周。

在优先保障中关村论坛低空安全分论坛暨2022人民安防(八达岭)低空安全峰会的基础上,2022人民安防(八达岭)低空安全科技周将有以下举措:通过新增活动,吸引低空安全行业企业参与;强强联合,加强军警民资源联动;拓展思路,开展人气活动,整合延庆区旅游文化资源,吸引大众关注和广泛参与。

5.1.1   2021 首届低空安全峰会成功举办

2021 年 9 月 24 日—9 月 25 日，首届人民安防（八达岭）低空安全峰会（见图 5-1）在北京市延庆区成功举办。此次峰会由北京市延庆区人民政府、中国安全防范产品行业协会主办，北京安全防范行业协会、中关村中安安防产业发展促进会、中国人民公安大学中国低空安全研究中心承办，联合了中国航空学会、中国科学院无人机应用与管控研究中心、中国无人机产业创新联盟、中国航空运输协会通航分会、中国信息协会通用航空分会、国际无人机系统标准化协会、北航校友通航协会无人机专委会、中国人民公安大学警务装备培训中心、中国人民公安大学城市安全研究中心、中国人民公安大学应急警务研究中心和中国人民公安大学中国保安研究中心等单位，以"四新迎冬奥"为主题，举办 4 场活动，共计 600 余人次参会。峰会聚焦"低空新基建、冬奥新起点、'两区'新亮点 、安防新未来"，探索无人机产业服务保障北京冬奥会的中国方案，以科技力量助力北京冬奥会实现精彩、非凡、卓越的呈现。

峰会邀请了中国工程院院士，公安部科技信息化局、交通运输部救助打捞局、北京市公安局指挥部、北京市公安局治安管理总队、中国民航局空管行业管理办公室、延庆区人民政府及各委办局、中国科学院无人机应用与管控研究中心、中国人民公安大学中国低空安全研究中心、人民日报社《民生周刊》等单位领导，中国安全防范产品行业协会、北京安全防范行业协会、中关村中安安防产业发展促进会和中国民用航空应急救援联盟等行业组织，以及来自全国各地方的公安、院校、研究机构、企事业单位领导或代表出席。应邀到场媒体超过 20 家，会后报道的媒体和平台近 80 家，其中不乏新华网、人民网、光明网、法制日报、北京市延庆区人民政府网、中国安防行业网、中国民航报、中国警察网、北京电视台、2022 冬奥组委会等权威媒体、专业平台对峰会的深度报道，展示了延庆区在"两区"建设中的优秀成果，增强了低空安全领域的社会认知度，整体提升了"人民安防"和"延庆八达岭"的品牌影响力。

峰会主要成果如下：

1）北京安全防范行业协会专家委员会低空安全专业委员会正式成立（见图 5-2）。专业委员会今后将致力于积极探索科学有效的管理办法，将政府、社会组织、市民组织起来，利益与共、安全与共，共同应对低空安全面临的危机和挑战。

图 5-1　首届人民安防（八达岭）低空安全峰会

图 5-2　北京安全防范行业协会专家委员会低空安全专业委员会

2）中关村延庆园与中国科学研究院无人机应用与管控研究中心签署战略合作备忘录（见图5-3）。双方将共同建设"低空安全公共航路"，以现有航空产业为基础，以创新科技为驱动，充分发挥低空资源与无人机应用的发展战略技术储备优势，建设智能化的低空新型基础设施，着力于面向"冬奥会"低空运行安全保障，致力于创新推动产业升级，助力于促进低空经济发展。

图5-3　中关村延庆园与中国科学研究院无人机应用与管控研究中心签署战略合作备忘录

3）"迎冬奥"空天地立体联动新保障演练（见图5-4）得到现场专家学者高度评价。本次演练围绕卫星、有人机、无人机在防灾、减灾、救灾方向的相关应用，展开在侦查搜救、立体投送、空中灭火、无线中继、8K图传、低空反制、智能侦查和灭火机器人等应用场景的分析，以及实战型"空天地"立体联动方面的测试和演练，进一步提升了延庆区政府的日常应急管理能力和对冬奥会的应急响应与保障能力，并显著增强了对应急科技保障能力的认识和理解。

4）发布冬奥低空安全倡议书（见图5-5）。倡议书由多家低空安全领域相关机构和组织共同发布，内容包括倡议规范无人机产业有序发展、构建良性无人机生态圈，推进智能化的低空新型基础设施建设，为"两区"建设增光添彩，助力北京冬奥会。

5.1.2　人民安防品牌

"人民安防"（八达岭）低空安全峰会，是基于"人民安防"品牌和八达岭长城这一文化品牌。"人民安防"由人民日报社《民生周刊》杂志社创建、运营和管理，由北京安全防范行业协会提供学术支持，是专注安防行业的传播服务平台。北京安全防范行业协会作为"人民安防"传播平台的学术支持单位，凭借自身影响力及行业资源整合能力，以独特的行业专家优势资源，与人民日报社《民生周刊》共同推进"人民安防"品牌建设。

图 5-4　"迎冬奥"空天地立体联动新保障演练

图 5-5　冬奥低空安全倡议书发布仪式

八达岭长城是延庆区的文化名片，组委会汲取了古代"长城"作为防御设施的含义，演绎出当今的安全防范概念，结合延庆区在低空安全产业方面的发展规划，共同形成了"人民安防+八达岭"这一低空安全领域的专业品牌峰会。

5.1.3　中关村论坛低空安全分论坛

中关村是我国创新发展的一面旗帜，在推进科技自立自强中肩负重要使命。把中关村论坛打造成为面向全球高科技创新交流合作的国家级平台，是党中央做出的一项重要决策。中关村论坛以"创新与发展"为永久主题，自 2007 年起，历经十余年发展，已成为全球性、综合性、开放性的科技创新高端国际论坛。中关村论坛聚焦国际科技创新前沿和热点问题，每年设置不同议题，邀请全球顶尖科学家、领军企业家、新锐创业者等共同参与，纵论创新，交流分享，引发各界广泛关注，不断传播新思想、提炼新模式、引领新发展。

结合"十四五"开局起步之年，北京市高标准推进"两区"建设之际，延庆区借助在低空安全领域的优势，在新基建、冬奥后经济建设重点发力，成为"两区"建设中的新亮点。结合行业发展以及安防行业未来更宽广的发展空间，延庆区针对低空安全领域工作重点进行优化升级，加强主题的持续输出，助力峰会品牌打造及传播。

中关村论坛低空安全分论坛暨 2022 人民安防（八达岭）低空安全峰会拟由"1+1+2"组成，即"1 个峰会开幕式+1 个主旨论坛+2 个专题学术论坛"，突显高定位、体现高规格、引领新趋势，进一步增强低空安全领域内各方的合作交流与融合发展。

中关村低空安全分论坛作为 2022 人民安防（八达岭）低空安全科技周的支柱活动，邀请行业主管机构领导、行业顶级智库、行业头部企业等共同探讨、交流以解决低空安全方面的痛点及难题，更深度探讨低空安全科技创新前沿和热点问题，聚焦低空安全产业的落地与发展，构建"低空安全产业服务生态圈"。通过丰富的活动内容和"低空新基建 安防新未来 两区新亮点"的主题设置，助力延庆区民用无人驾驶航空试验区建设，推动延庆区形成首都无人机产业创新聚集区，并持续强化低空安全峰会的影响力。峰会发布延庆区民用无人驾驶航空试验区成果及重大举措、低空产业项目及规划，研讨、解读低空安全领域最新行业标准、成果及最新研究及方向等。

通过峰会的资源联动，挖掘一批领域内的顶尖专家和最新科技成果，培育一批优秀企业落地生根，形成一批优秀的解决方案，助力延庆区打造国际低空安全产业创新高地。

5.1.4　低空安全科技周

2022 人民安防（八达岭）低空安全科技周由论坛、展洽、赛事、演练、商务考察及人气活动等内容组成。

（1）主要内容

1）论坛：中关村论坛低空安全分论坛暨第二届人民安防（八达岭）低空安全峰会，是科技周的支柱活动，由开幕式、主旨论坛和学术分论坛构成，主要研讨城市安防生态规划与建设、低空安全防范技术的应用与发展、低空安全在应急消防的应用等主题，以及低空安全管控与管理面临的难点和解决方案、无人机行业发展等内容。

2）展洽：展洽包括无人机产业创新成果展示交易会（静态展览）及参观，供需双方商务对接会，延庆中关村产业园招商会等。

3）赛事：举办与无人机低空安全主题相关的赛事。

4）演练：举办立体化保障演练、企业动态展示演练。

5）商务考察：考察对象包括中关村延庆园、首都低空安全科普教育馆、延庆低空安全产业生态基地。

6）人气活动：举办长城音乐节、闭幕式、美食文创、长城航拍（航拍培训及专业赛事等）、星空主题露营、冰雪运动等活动。

（2）活动宣传　利用广播电视、报纸杂志、网络媒体和自媒体矩阵等各种媒体资源，从活动之前宣传科技周的意义、内容、新增亮点，活动期间跟踪报道活动亮点，到活动后总结报道活动成果，聚焦在"人民安防"品牌、无人机产业、八达岭长城文化、延庆区文化特色等关键点，打造更强资源联动、更赋规模效应和更优品牌影响的行业盛会。

（3）活动目的　在延庆区委、区政府领导的重视和大力支持下，凭借在首都无人机产业创新和集聚的后发优势，通过科技周期间低空安全峰会及系列活动的举办，进一步推动无人机产业的资源聚集和升级新动能，催化激活产业科技创新，打造品牌效应，抢抓战略机遇，努力构建产业发展大格局。

北京安全防范行业协会低空安全专业委员会也将继续发挥行业引领作用，

有效整合相关领域的政策与研究力量、低空安全管理部门力量、产业组织力量、产品研发与转化应用技术力量及相关社会组织力量，从法规、制度、手段等方面进行专题研讨，努力构建并完善低空航空器管理安全体系，加强低空安全领域的理论研究和实践发展，为贯彻落实国家总体安全观、推进国家安全战略实施提供智库服务。

总之，通过 3~5 年的品牌塑造，形成具有国际影响力的低空产业集群，树立延庆区在国内、甚至国际低空产业的引领地位，进一步促进民用无人驾驶航空试验区建设。该峰会立足北京、放眼世界，紧抓冬奥会以及后冬奥契机，扩大国际影响力；持续打造延庆"两区新亮点"，突出科技创新、服务业开放、数字经济特征，探索形成"北京样板"；推进智能化的低空新型基础设施建设，促进行业间、地区间的交流国际合作，成为引进人才，引入国内、国际先进技术的共赢平台。

5.2　试点划设适飞空域

依据《中华人民共和国民用航空法》《中华人民共和国飞行基本规则》《通用航空飞行管制条例》《中国民用航空空中交通管理规则》《民用无人驾驶航空器系统空中交通管理办法》《民用无人驾驶航空试验基地（试验区）建设工作指引》等有关规定，结合延庆民用无人驾驶航空试验区的无人机空域使用管理现状和未来发展，本着"军民融合、积极稳妥、科学合理、安全高效"的思路，遵循统筹配置、灵活使用、安全高效原则，以隔离飞行为主，兼顾融合飞行需求，充分考虑国家安全、社会效益和公众利益，延庆拟试点划设适飞空域，并重点把握以下几个原则：

1）统筹兼顾、积极稳妥。统筹考虑当地军民航、通航和无人机飞行活动对低空空域的使用需求，构建合理有序的低空空域运行管理和服务保障体系，保障各类飞行协调发展。通过多种管理机制和技术手段，严密组织适飞空域的飞行活动，严防发生重大事故。

2）安全发展，兼顾公共安全需求。在适飞空域划设过程中，需要牢固树立安全发展理念，始终把确保公共安全、飞行安全和重要目标安全放在首位。

3）面向未来，具备可持续扩展能力。随着低空空域管理改革进程的逐步深化，无人机飞行量将会不断增加，管理的复杂度也会持续加大。本着保护投资、长远考虑的原则，试点划设适飞空域应该具备较好的扩展能力，为未来的适飞空域连成片奠定基础。

5.2.1　试点划设适飞空域的目标

根据《无人驾驶航空器飞行管理暂行条例》，适飞空域是指在管制空域范围外、真高 120m 以下、供微型、轻型、小型无人驾驶航空器飞行的空域，适飞空域应当明确水平、垂直范围和使用时限。

试点划设适飞空域，主要目标是构建低空智联网，形成一体化申报批复机制，建立低空飞服保障和军民协同运行管理体系，确保适飞空域得以充分利用。具体措施如下：

1）构建机动灵活、快速高效的低空航线网络和无人机飞行航线，实现"点、线、面"纵横相连。

2）依托无人机飞行保障平台推动"互联网+"建设，实现无人机飞行"一窗受理、一网通办"，完善"一体化"平台，优化改善无人机发展环境，为无人机用户提供安全高效的服务。

3）加强配套设施建设，建设低空飞行服务保障体系，以无人机飞行管理平台为抓手，推进低空空域改革。

4）建立军地民协同运行管理体系，实现无人机管理信息共享，确保公共安全和无人机飞行安全。

5.2.2　适飞空域划设的原则

适飞空域划设是无人机飞行空域管理的重要内容，是一项复杂的系统工程，涉及军地民等单位，政策性强，需要建立一套完整、科学的管理方法，具有法规化、程序化和标准化等特点。

（1）法规化　法规是低空管理的重要保障，适飞空域的划设、审查、批准、备案等都有严格规定。《中华人民共和国飞行基本规则》《通用航空飞行管制条例》《中国民航空中交通管理规则》《空军飞行管制工作条例》《飞行管制区飞行管制细则》《无人驾驶航空器飞行管理暂行条例》等有关空域管理规定的文件，都是无人机适飞空域划设的依据。

（2）程序化　程序化就是划设适飞空域的立项调查、申请上报、审查批准、对外公布，以及空域的更改、撤销等每个环节都有严格和规范的程序要求。

（3）标准化　标准化是对适飞空域划设的技术文件、空域符合、代号进行统一规定，并予以实施的一项技术措施，可使空域管理更加科学、规范和严谨。

5.2.3　适飞空域划设的基本要求

空域管理部门依据空域管理的政策、法规、程序和分工，负责适飞空域的设置、调整和协调等管理工作，对适飞空域进行直接或间接控制。划设的基本要求主要包括统一规划、军民兼顾、分级管理和配套建设。

（1）统一规划　按照空域管理有关规定的权限，协调无人机的空域用户，统一进行规划。

（2）军民兼顾　严格执行《中华人民共和国飞行基本规则》和有关空域管理规定，维护国家领空安全和公共安全，合理划设和使用无人机适飞空域，优化空域结构，改善空中环境，兼顾军民航飞行需要。

（3）分级管理　对适飞空域，按照规定的权限申报和批准，对管辖区内的空域实行直接或间接控制，对违反空域使用者，要查明情况，依法处理。

（4）配套建设　对适飞空域，可根据无人机的性能情况，建设相应的适航设备，使无人机的飞行充分发挥经济、社会效益。

5.2.4　适飞空域划设的案例

根据延庆区军民航空域管理部门的有关空域管理要求，在现有延庆区民用无人驾驶航空试验区的无人机空域基础上，分步划设适飞空域，经军民航空域管理部门审批后，由延庆区人民政府通过延庆民用无人驾驶航空试验区飞行服务平台或公共广播渠道定期向社会公布民用无人机适飞空域划设相关情况。社会公众亦可自行在延庆民用无人驾驶航空试验区飞行服务平台查询相关的空域信息。

第一步，以延庆世界葡萄博览园（见图5-6）和北京世园公园（见图5-7）为主要起飞场地，场地上空及两园之间为无人机主要飞行空域和航线，同时避开八达岭机场航线及延庆民用无人驾驶航空试验区相关飞行空域。

1）以世界葡萄博览园和北京世园公园为中心点，分别在上空划设半径为5km的区域，构成2个适飞空域，飞行高度控制在120m以下，如图5-8所示。

2）在世界葡萄博览园设4个起降点，供轻型、小型无人机使用，每个起降点可供20架无人机使用，飞行高度控制在100m以下，如图5-9所示。

图 5-6　延庆世界葡萄博览园

图 5-7　北京世园公园

3）在北京世园公园内部署若干起降场，如图 5-10 所示。考虑公园内园、馆等建设物较多，可在广场等空地划设若干无人机起降场，供微型无人机使用，飞行高度控制在 50m 以下。

4）划设无人机试飞低空航线。世界葡萄博览园与北京世园公园相距6.7km，划设一条供无人机企业测试飞行使用的固定航线，飞行高度 50～120m，设 8 个飞行高度层。参照飞行基本规则有关规定，对无人机飞行航线按"东单西双"高度配备，即由西向东飞行的高度为 50m、70m、90m、110m；由东向西飞行的高度为 60m、80m、100m、120m。后续根据无人机飞行量大小另作规定。

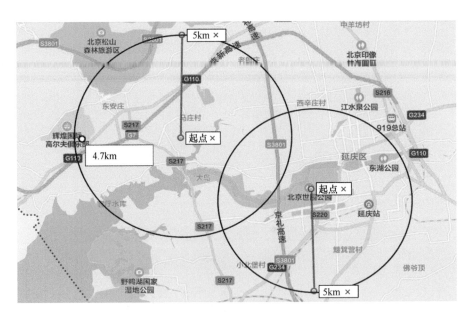

图 5-8　适飞空域

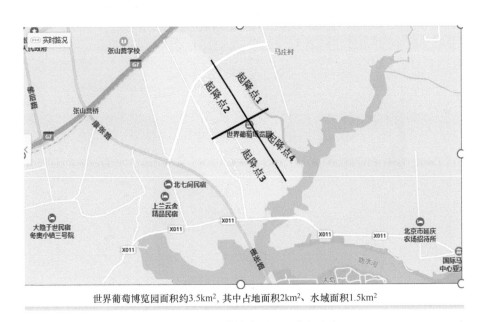

世界葡萄博览园面积约3.5km²，其中占地面积2km²、水域面积1.5km²

图 5-9　世界葡萄博览园设 4 个起降点

第二步，根据延庆区无人机产业发展需求，可分步划设适飞空域，与现有的适飞空域连成片，形成一张低空飞行的适飞空域网。

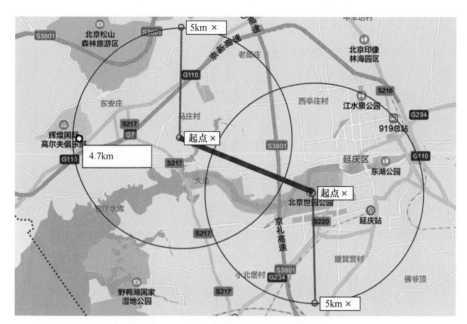

图 5-10 北京世园公园内部署若干起降场

5.2.5 适飞空域的管理

（1）管理权限 适飞空域由军方统一管理，低空空域的划设与调整批准权限按现行国家空域管理有关规定执行。

（2）保障体系建设 现有保障体系包括无人机专班、专家委员会、钟山院士工作站、无人系统联合实验室、驭剑实验室等。下一步，根据中关村科技园区延庆园管理委员会规划，开展基于以空域管理为核心，行业监管为基础，政府管理为平台，公共服务为窗口的延庆民用无人驾驶航空试验区飞服平台二期项目建设，构建满足军民航空管部门，民航监管部门，公安、工信等政府部门监管需求的综合平台，为国家制定空域管理条例等法规和组织无人机综合监管探索路子、积累经验。

5.3 深化产教融合服务试验区产业发展

5.3.1 国内职业教育发展历程和趋势

为国家经济建设和社会发展培养急需的专业技术技能人才（见图 5-11）是

职业院校的灵魂，是中国职业院校永葆生机，能够长期可持续发展的生命力。在当下众多新兴科技产业蓬勃兴起的时期，为了实现职业院校培养技术技能人才与社会发展和特定时期的需求接轨，响应国家积极推进交叉学科教育和研究在高等职业教育的布局，应大力推进无人机这一类融合机械工程、电子工程、航空工程、计算机技术、通信技术、高新材料和工业设计等多学科融合的高新应用技术专业在高等职业教育中承担更多比重。

图 5-11　培养急需的专业技术技能人才

无人机应用技术在职业院校中的专业发展处于新兴技术技能培训教育的起步阶段，在中国社会行业的发展中更是一个新兴产业增长点。无人机在中国的起步较晚，并且最早起始于国防军事领域，因此，在 2014 年以前，中国无人机行业贡献度的 90%以军工领域应用为主，民用领域仅占 10%。

在随后几年的快速发展中，民用无人机市场规模占比显著提升，且已经超过军用无人机达到了 58.5%，并仍呈大幅上升趋势。伴随着集成制造技术的普及，无人机系统基础零部件的生产开始朝着小型化、低成本、低能耗的方向发展，无人机硬件制造成本不断走低。同时，随着人工智能技术、5G 通信等新技术的逐步完善，无人机行业即将迎来新的发展机遇。2015 年中国无人机行业整体市场规模仅 66.4 亿元，到 2018 年其整体市场规模增长至 257.2 亿元，年均复合增长率达到 57.05%，而到 2020 年更是达到了 600 亿元。

中国国内最早的一批无人机应用技术专业已经在部分职业院校中开设有 5~8 年，但从实际情况看，相关院校在课程体系上的设置仍和行业企业的岗位需求还存在有一定的距离。

首先，无人机应用技术专业具有特殊性质，其是伴随大规模集成电路的飞速发展而出现的新兴学科，本身属于一个涵盖范围较为广泛的综合学科。

其次，由于无人机应用技术庞大的基础学科体系群，就为其本身的教学研究和教学方向的定位带来了一定的困难。现阶段绝大部分开设无人机应用技术专业的院校的学科内部教师体系，都由于种种原因无法进行真实项目应用教学的合理化编排和设定，这就可能造成整个无人机应用技术专业出现偏心化和空心化问题。

再次，在无人机应用技术领域的表层领域中，无人机的应用和操作也为传统的教学方式带来了挑战，专业教师不但需要能在自己熟悉的领域内开展工作，还需要能够操作特定的无人机进行飞行作业，而无人机应用技术本身就是一门新兴学科，因此这类专业教师的稀缺也造成了教学质量欠佳的现状。

最后，缺少对行业企业的扎实调研，导致无人机应用技术专业的人才培养计划无法符合企业行业对人才的真实需求，学生在专业的学习过程中游走在无人机应用技术专业的外围，没有接触到本专业的真正技术精髓，最终导致人才输出与企业需求存在较大差异。

在实际工程技术领域，工程技术人员的素养和使命是解决行业应用中特定的技术问题，是对理论知识和实践技能的综合运用，而这也正是当今职业教育中较为稀缺的要素之一。未来在提高企业工程技术人员在专业教学群体中的占比，让学生缩短进入企业后的认知短板、技能短板和素质短板，才是真正让无人机应用技术职业教育更加快速、高质量发展的关键。

企业以营利为目的，职业教育院校应通过对合作企业的深入了解和研究，结合对企业的整体评价，开展对本专业人才培养内容和走向的定位与调整，通过调整细分课程和培养方向的跟随性和精准性，实现科学地开展教学计划和教学方法的制定，如图 5-12 所示。

图 5-12　综合性教学模式

通过加强对细分市场和细分行业的特定研究与调查，结合无人机应用技术专业涵盖的教学范围，采用对应-分解的方法对本专业教学工作所欠缺的设备进行逐一对应和分解，从而定位教学专业的方向。

5.3.2　国内无人机职业教育政策

国务院于 2019 年 1 月下发《国务院关于印发国家职业教育改革实施方案》的通知，该通知强调职业教育与普通教育是两种不同的教育类型，均具有重要的教育地位，伴随中国进入全新发展阶段，产业升级和经济结构调整不断加快，各行各业对于技术技能人才的需求越来越紧迫，职业教育的重要地位和重要作用越来越明显。但是，中国职业教育目前还存在体系不够完善，职业技能实训基地建设有待加强，制度标准不够健全，企业参与办学的动力不足，有利于技术技能人才成长的配套政策尚待完善，办学和人才培养质量水平参差不齐等问题，可以说，没有职业教育现代化，就没有教育现代化。

职业教育的总体要求和总体目标是坚持以习近平新时代中国特色社会主义思想为指导，把职业教育摆在教育改革创新和经济社会发展中更加突出的位置。牢固树立新发展理念，服务建设现代化经济体系和实现更高质量更充分就业需要，对接科技发展趋势和市场需求，完善职业教育和培训体系，优化学校、优化专业布局，深化办学体制改革和育人机制改革，以促进就业和适应产业发展需求为导向，鼓励和支持社会各界特别是企业积极支持职业教育，着力培养高素质劳动者和技术技能人才。

根据通知要求，职业院校实践性教学（见图 5-13）课时原则上应占总课时的一半以上，顶岗实习时间一般为 6 个月。"双师型"教师（同时具备理论教学和实践教学能力的教师）占专业课教师总数超过一半，分专业建设一批国家级职业教育教师教学创新团队。通知还要求职业院校要严把教学标准和毕业生质量标准两个关口，将标准化建设作为统领职业教育发展的突破口，完善职业教育体系，为服务现代制造业、现代服务业、现代农业发展和职业教育现代化提供制度保障与人才支持。

为满足无人机产业发展需要，中等职业学校要培养适应社会主义现代化建设需要，德、智、体、美、劳全面发展的具有现代企业意识、适应区域经济社会发展需要，具有良好职业道德和人文素质的技术技能人才；培养具备无人机操控、无人机研制生产、无人机维护维修、无人机地勤保障的基本理论知识和

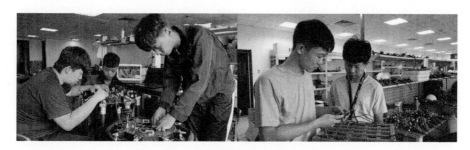

图 5-13　职业院校实践性教学

实践技能，能够从事农用无人机应用及其他相关领域工作，适应该领域的无人机操控、调试、维护、维修等岗位工作，具有创新精神和较强实践能力的高素质技术技能人才。

高等职业学校要培养服务区域发展的高素质技能人才，重点服务企业特别是中小微企业的技术研发和产品升级，通过完善文化素质和职业技能的考试招生办法，提高生源质量，为学生接受高等职业教育提供多种入学方式和学习方式。

通过开展推动具备条件的普通本科高校向应用型高校转变，鼓励有条件的普通本科高校开办应用技术类型专业和课程（见图 5-14），大力推动本科层次的职业教育试点，并通过中国技能大赛、全国职业院校技能大赛、世界技能大赛获奖选手免试入学政策，探索高端技术技能人才的培养方式，服务军民融合发展，把军队职业教育纳入国家职业教育体系，共同服务现役军人的职业培训。

图 5-14　开办应用技术类型专业和课程

通过深化复合型技术技能人才培养培训模式的改革，借鉴国际职业教育培训的普遍做法，启动 1+X 证书制度试点工作。试点工作要进一步发挥好学历证书的作用，夯实学生可持续发展基础，拓展就业创业本领，缓解结构性就业矛盾。院校内实施的职业技能等级证书，分为初级、中级和高级，是职业技能水平的凭证，反映职业活动和个人职业生涯发展所需要的综合能力。

5.3.3 深化产教融合服务区域经济发展的必要性

（1）深化产教融合是市委、市政府的要求 自《国家职业教育改革实施方案》颁布实施以来，职业技术教育整体布局基本完成，职业技术教育面貌发生了格局性变化。2021 年 2 月，北京市发布了《北京市发展和改革委员会北京市教育委员会关于深化产教融合提升人力资源质量的实施意见》（简称：《意见》）指出，要大力开展产教融合建设试点，重点建设一批产教融合创新示范区、产教融合型行业、产教融合型企业，努力将本市建设成产教融合型城市。

（2）深化产教融合是区域经济发展的需求 区域经济的高质量健康发展离不开相应的技能人才，而这一需求应通过系统地科学预测，研判出区域经济发展所需要的人力资源趋势，进而通过有序培养，形成可以服务延庆经济发展的"应用型紧缺技能人才池"。延庆第一职业学校应积极响应国家关于职业教育改革政策，紧紧围绕现代园艺、体育科技、无人机、新能源和能源互联网四个特色产业，根据相关产业用人单位的需求和办学市场，形成"订制提升方案和协作关系池"，与延庆区企业共同努力，开展订单式培养，形成产教融合成果。

（3）深化产教融合是延庆第一职业学校的追求 我国从 1983 年便开始倡导并推动初升高"职普比"（即职业高中和普通高中就学学生的比例）实现"大体相当"。在 2022 年的政策中，有关部门将职普比列入政府教育工作考核指标和督导内容，坚持保持高中阶段教育职普比大体相当不动摇，对职普比低于45%的省份按要求落实整改。这对于职业院校既是机遇，又存在挑战。一方面，要从破解"鄙薄技能"的根本矛盾入手，优化资源配置、拿出实招硬招，消解国家需求与企业需求、个体需求之间错位带来的发展困境。另一方面，要扎根到区域产业中办学，服务产业转型升级，完善专业动态调整机制，形成紧密对接产业链、创新链的专业体系，推动职业技术教育与产业转型升级同频共振、有效衔接，增强职业技术教育适应性和吸引力，开拓高质量发展新格局。

5.3.4　深化产教融合服务区域经济发展的建议

（1）同步规划产教融合与延庆四大产业发展　落实《意见》要求，围绕高精尖产业发展，同步规划产教融合发展政策措施、支持方式和实现途径，大力开展产教融合型区域、行业、企业建设试点，构建梯次有序、资源共享、合作紧密、具有延庆特色的产教融合体系。统筹职业教育与延庆四大产业发展布局，围绕建设最美冬奥城、国际滑雪度假旅游胜地、京张体育文化旅游带，结合京津冀协同发展、"疏解整治促提升"专项行动，优化职业教育资源配置，利用"后冬奥"契机优先建设无人机专业和冰雪体育专业，并面向全市甚至京津冀招生，推动延庆第一职业学校与产业聚集区、重点产业园融合发展。

（2）推动学科专业建设服务产业转型升级　坚持学科专业布局与产业结构协同发展，调整优化学科专业结构，建立紧密对接产业链、创新链的学科专业体系。建立学科专业对接产业的动态预警和调整机制，提高专业与产业匹配度。延庆第一职业学校新设的无人机专业、冰雪体育专业至少有一家深度合作企业（为该产业的龙头企业、领军企业）参与共同制定人才培养方案，校企合作贯穿人才培养全过程。

（3）发挥企业引领作用　支持延庆区四大产业龙头企业与职业学校共建工程师学院、技术技能大师工作室，打造高水平、专业化实训基地，鼓励企业建立首席技师工作室、职工创新工作室，整合高技能人才培养资源。支持延庆相关高新技术企业与延庆第一职业学校开展协同创新，建立产业技术积累创新联合体，推进产教融合成果创新和核心技术产业化。

（4）推进产教协同全面育人　深化"引企入教"改革，创新德技并修、工学结合的育人机制。支持中关村延庆园相关企业与第一职业学校联合深入探索现代学徒制和企业新型学徒制人才培养模式创新，全面推动职业学校联合行业企业自主制订人才培养方案，基于职业工作过程重构课程体系，打造一批产教融合应用型课程。支持行业企业参与"有趣、有用、有效"的课堂改革，推行面向企业真实生产环境的任务式、项目化培养模式。支持企事业单位承担学生实践和实习实训，完善产教融合实践教学体系建设。以企业为主体构建规范化技术课程、实习实训和技能评价标准体系。实践性教学学时原则上占总学时数50%以上，具体要求由企业（行业）根据用人需求与学校共同制定。

（5）强化师资队伍建设　支持行业企业专业技术人员与职业学校教师共同

组建高水平、结构化教师教学创新团队；支持企业和学校建立管理人员、专业人才双向聘任制度；支持校企共建教师企业创新实践基地，支持学校设立产业教师（导师）特设岗位，完善学校教师实践假期制度和在职教师企业实践锻炼制度。

5.3.5　具体实施方案

具体在建设上坚持科学规划、统筹安排、突出重点、分步实施的原则，做到"一年打基础（2022 年底），两年见成效（2023 年底），三年大跨越（2024年底）"。

1. 筹备宣传阶段

筹备宣传阶段的主要工作是：在冬奥会期间启动冰雪体育、无人机应用专业招生宣传工作，利用冬奥会关注度高的契机，让全市人民了解延庆第一职业学校设有冰雪体育专业、无人机应用专业；在冬奥会结束之时，推出冬奥经验系列报道，其中除冰雪体育教育发展之外，还应介绍延庆区支持无人机企业以"面向运行场景、基于运行风险"为指引，在冬奥会前期测试阶段先行先试，推动形成"测试场+应用示范+创新港"的无人机产业生态基地建设，实现安全与发展的动态平衡。

实训基地建设是深化产教融合的重要载体，是技术技能人才培养的关键环节，是推动产教融合型城市、企业、校园建设的重要"抓手"，是产教融合改革的实践支撑。冰雪体育实训基地已由北京梦起源体育发展有限公司建设并成功运营；无人机实训基地由国网通用航空有限公司、北京远度互联科技有限公司、北方天途航空技术（北京）有限公司、北京立防科技有限公司等单位一起打造，建成示范引领作用突出的标杆性实训基地，功能齐全、体制先进，在应用型人才培养、应用科研创新转化、实习实训课程研发、"双师型"教师培训等方面突出成效，充分发挥促进教育、人才、产业、科技等各创新要素聚集、融合、溢出作用的优秀基地。

2. 初步建设阶段

利用延庆第一职业学校新校区建设完成投入使用的契机，学校与教育培训机构、行业企业联合开发职业教育资源，借助有条件的社会组织整合校企资源，开发立体化、可选择的产业技术课程和职业培训包，纳入政府购买服务范围，鼓励学校向行业、企业、社会组织、培训机构购买前沿技术课程和教学服务。

行业企业建设区域性产教融合信息服务平台，做好人才需求预测、校企合作对接、教育教学指导、职业技能等级认定等服务。

3. 全面建设阶段

深入开展产教融合建设工程，结合京津冀协同发展，面向京津冀开展招生宣传，逐步推动技能实训、课程建设、师资力量等职业教育资源实现京津冀区域间共建共享、优势互补。系统推进产教融合创新平台（梦起源冰雪场馆和驭剑实验室等）建设，鼓励行业企业、院校、政府共建产教融合创新平台，以各类产业园区、工程师学院、技术技能大师工作室为依托构建产教融合创新生态系统，对成效明显的区域、行业和在建设项目投资、招生计划安排、专业点设置等方面予以倾斜支持。加快完善产教融合育人工程，着力推进行业企业深入"三教"改革，推动学生实习实训、师资团队建设等项目实施。

4. 品牌跨越阶段

全面推行校企协同育人，逐步提高行业企业参与办学程度，形成产教深度融合、校企"双元"育人的发展格局，促进人才培养供给侧和产业需求侧结构要素全方位融合。结合延庆区定位，推动职业学校优化提升，产教融合实训基地成为以产教融合为遵循、以共建共享为原则、以多种模式为思路、以鼓励创新为要义、以服务双创为宗旨、以服务产业为重点、以多措融资为关键、以政府统筹为基础等方面取得突破性进展的实训基地，争取入选教育部学校规划建设发展中心产教融合实训基地优秀案例，初步建成"产教融合实训基地案例库"，落实《"十四五"时期教育强国推进工程实施方案》，申请"产教融合实训基地项目"，发挥先进经验的引领示范作用，加速放大产教融合实训基地的平台载体作用，完善实践教学体系和实训课程建设，为区域开展产教融合创新实验和共建共享机制开拓思路。

附　录

延庆园园区介绍及相关政策

附录 A　延庆园园区介绍

预览码⊖　　　　　　　　下载码

附录 B　中关村延庆园政策解读

预览码　　　　　　　　下载码

⊖　复制链接或直接跳转用浏览器打开，可放大观看。——编者注

参 考 文 献

[1] 孙永生, 等. 无人机安全管理 [M]. 北京: 中国人民公安大学出版社, 2018.

[2] 孙永生, 崔宇. 无人机安防技术教程: 基础篇 [M]. 北京: 中国人民公安大学出版社, 2019.

[3] 孙永生, 罗颖. 无人机安防技术教程: 提高篇 [M]. 北京: 中国人民公安大学出版社, 2019.

[4] 郑路遥, 孙永生. 无人机警用实战 [M]. 北京: 中国人民公安大学出版社, 2020.

[5] 陈金良. 无人机飞行管理 [M]. 西安: 西北工业大学出版社, 2014.

[6] 栾爽. 民用无人机法律规制问题研究 [M]. 北京: 法律出版社, 2019.

[7] 于宝宏. 无人机法律与法规知识 [M]. 北京: 航空工业出版社, 2017.

[8] 刘佳茜, 孙永生. 关于加强穿越机安全管控的建议 [J]. 公安研究, 2022 (4): 37-41.

[9] 刘佳茜, 孙永生, 陈木呷, 等. 低空安全风险应对策略: 以无人驾驶航空器风险为例 [J]. 中国安防, 2022 (5): 23-27.

[10] 刘一鸣. 低空突发社会安全事件应急管理研究 [J]. 中国安防, 2022 (3): 63-66.

[11] 孙永生. 低空新基建 安防新未来 [J]. 中国安防, 2021 (11): 43-45.

[12] 孙永生, 贾子奕. 非接触式公共卫生应急新趋势 [J]. 中国应急管理, 2021 (9): 52-54.

[13] 陈木呷, 孙永生. 无人智能系统赋能突发公共卫生事件风险治理 [J]. 城市与减灾, 2021 (3): 17-21.

[14] 唐宇超, 孙永生. 警用无人机辅助重大传染病型公共卫生事件防控——基于信息的视角 [J]. 城市与减灾, 2021 (1): 9-13.

[15] 杜治国, 孙永生, 王誉天. 空基无人机探测方案实践与应用 [J]. 中国安全防范技术与应用, 2021 (2): 73-75.

[16] 张影. 民用无人机侵犯公民隐私安全问题探究 [J]. 辽宁警察学院学报, 2019 (4): 49-53.

[17] 孙永生, 周震博. 无人驾驶航空器安全风险防控: 基于最大化最小原则 [J]. 中国人民公安大学学报 (社会科学版), 2018 (2): 141-148.